KB117357

# 자아와
## 방어기제

# 자아와 방어기제

안나 **프로이트** 지음 | **김건종** 옮김

**일러두기**

• 안나 프로이트의 『자아와 방어 기제』는 1936년 독일에서 처음 출간되었다. 세실 베인스의 영어 번역본이 1937년에 출간된 후 1942년, 1947년, 1954년, 1960년에 재판이 출간되었고, 1966년에는 새로운 서문을 포함한 재판이 출간되었다. 1937년 번역본을 바탕으로 하는 현재의 개정판은 1966년 미국에서 처음으로 출간되었는데, 이 개정판은 1968년 호가스프레스에서 다시 출간되었고, 1972년, 1976년, 1979년, 1986년 개정판이 출간되었다. 1993년 카르낙북스에서 다시 개정판이 출간되었고, 본서는 이 개정판을 번역한 것이다.

• 원주는 별도 표기하지 않았고, 옮긴이주는 각 주의 끝에 표기했다.

이 책은 실로 꿰매어 제본하는 정통적인 사철 방식으로 만들어졌습니다.
사철 방식으로 제본된 책은 오랫동안 보관해도 손상되지 않습니다.

# 서문

    제목이 암시하듯 이 책은 오로지 특정한 한 가지 문제, 즉 자아가 불쾌와 불안을 떨쳐 내고 충동적 행동과 감정 및 본능적 충동을 제어하는 수단과 방법에 대해 다룬다.

    자아 활동을 공들여 조사하고, 이를 무의식적 이드에서 일어나는 작용과 동등하게 취급한다는 것은 이 책이 처음 출판될 당시 비교적 새로운 시도였다. 그러나 지난 30년간 많은 것이 변했고, 이제 하나의 정신 구조로서의 자아는 정신 분석적 탐구의 중요한 대상으로 공인되었다. 1936년 당시에는 자아 기제들을 열거하고 이를 서술하며 연대순으로 배열하면서, 건강 혹은 질병의 유지에 있어 방어 기제가 하는 역할을 전반적으로 다루는 것만으로도 충분했다. 그러나 이제는 자아의 방어 활동을 다른 측면들, 즉 자아의 일차적 결함, 자아를 구성하는 요소와 그 기능, 자아의 자율성 등과 연관하여 사고하지 않으면 안 된다.

이 책을 상당 부분 새로 쓰지 않는 한, 그리하여 원래의 책이 지녔던 통합성과 유용성(비록 제한적이지만 여전히 존재한다)을 훼손하지 않는 한 위 주제들을 이 책에 병합하는 것은 불가능할 것이다. 그렇기 때문에 이 책은 원래 모습 그대로 남게 되었다. 그리고 최근 사유들은 〈아동기의 정상과 병리〉에 대한 새로운 책에 담기로 하였는데, 여기에서는 특히 자아의 발달적, 진단적 함의에 대해서 다루고 있다.

안나 프로이트, 법학 박사, 이학 박사
1966년 2월, 런던

# 차례

1부

# 방어 기제 이론

# 1장
# 관찰하는 자리로서의 자아

## 정신 분석의 정의

　정신 분석이라는 과학이 발달하는 과정에서 분명 개인의 자아에 대한 이론적 연구가 별로 인기 없던 시기가 있었다. 웬일인지 많은 분석가들은 과학적이고 치료적인 작업의 가치는 그 작업이 주의를 쏟는 정신적 지층의 깊이에 직접 비례한다고 믿었다. 관심이 정신적 지층의 깊은 곳에서 얕은 곳으로 이동할 때마다, 다시 말해서 연구의 초점이 이드로부터 자아로 옮겨질 때마다, 이는 정신 분석에 대한 총체적 배신행위처럼 여겨졌다. 그리하여 〈정신 분석〉이라는 용어는 무의식적 정신생활과 관련된 새로운 발견에만 적용되어야 한다는 믿음이 고수되었다. 즉 억압된 본능적 충동이나 감정 그리고 환상에 대한 연구만이 정신 분석이라는 것이다. 아동이나 성인이 외부 세계에 적응하는 문제나 건강과 질병, 미덕과 악덕과 같은 개념의 가치에 대해서 정신 분석은 그에 합당한 관심을 두지 않았다. 그렇기 때문에 정신 분석은 오로지 성인기까지 지속되는 유아적 환상이나 상상적 만족, 혹은 이에 대한 응보로 받아들여지는 징벌로 그 연구 범위를 한정해야 했다.

우리는 분석적 저술 속에서 위와 같은 정신 분석의 정의를 종종 만나게 되며, 그러한 정의는 정신 분석을 심층 심리학과 동의어처럼 다루고 있는 작금의 용법 때문에 더 강화되는 것 같다. 더 나아가 과거 또한 이를 정당화해 주고 있는 것이, 애초에 경험에 기반을 두었던 이 정신 분석이라는 과학은 다른 무엇보다 무의식의, 요즘 식으로 말하면 이드의 심리학이었던 것이다. 그러나 우리가 이 정의를 정신 분석적 치료에 적용하는 즉시 정의가 정확하지 않다는 것은 분명해진다. 애초부터 치료법으로서의 분석은 자아 및 자아의 이상(異常)에 관심을 가졌다. 이드 및 이드의 작동 방식에 대한 연구는 언제나 목표를 위한 수단이었고, 여기에서도 목표는 항상 같았다. 즉, 자아의 이상을 교정하고 그 통합성을 회복하는 것이었다.

「집단 심리학과 자아의 분석」(1921)이나 「쾌락 원칙을 넘어서」(1920)와 같은 논문을 시작으로 프로이트가 새로운 방향으로 나아가기 시작하면서, 자아에 대한 탐구가 분석적 이단이라는 오명은 씻겼으며, 관심의 초점은 이제 분명 자아 조직에 집중되었다. 그리고 이때부터 〈심층 심리학〉이라는 용어는 더 이상 정신 분석적 연구의 모든 영역을 포괄할 수 없는 용어가 되었다. 지금 우리는 정신 분석의 임무를 다음과 같이 정의해 볼 수 있을 것이다. 즉, 우리가 정신적 인격을 구성한다고 믿고 있는 세 조직 모두에 대해서 가능한 최대의 지식을 얻고, 이 조직들이 서로 어떤 관계를 맺으며, 또 각 조직은 외부 세계와 어떤 관계를 맺고 있는지에 대해서 탐구하는 것이다. 다시 말해서 자아와 관련해서는 그 내용물과 경계 및 기능에 대해서 탐색하고, 자아가 외부 세계와 이드 및 초자아에 어떻게 의존해 왔는지를 더듬어 보는 것이며, 이드와 관련해서는 본능, 다시 말해 이드의 내용물에 대해서 이해하고 그 변형 과정을 추적하는 것이다.

### 자기 지각에 있어서의 이드, 자아, 초자아

우리는 모두 이 세 정신 조직이 그 관찰의 용이성 면에서 심원한 차이가 있다는 것을 알고 있다. 이드 — 이전까지 〈무의식계〉라고 불렸다 — 에 대한 지식은 오로지 〈전의식계〉 혹은 의식계 속으로 뚫고 들어온 무의식계의 파생물들을 통해서만 얻을 수 있다. 만약 이드 내에 평온하고 만족스러운 상태가 지속된다면, 그리하여 어떤 본능적 충동도 만족을 찾아 자아를 침범하지 않고 따라서 긴장이나 불쾌의 느낌을 만들어 내지 않는다면, 이드의 내용물에 대해서 알 수 있는 방법은 없다. 그러므로 최소한 이론적으로 볼 때, 우리가 항상 이드를 관찰한다는 것은 불가능하다.

초자아의 경우에는 물론 상황이 다르다. 초자아의 내용물은 대부분 의식적이기 때문에, 정신 내적 지각을 통해서 우리는 이에 직접 도달할 수 있다. 그럼에도 불구하고 초자아와 자아 사이에 조화로운 관계가 유지된다면 초자아에 대한 상(像)은 항상 뿌옇게 흐린 상태이기 쉽다. 이와 같이 주체나 외부 관찰자가 초자아를 하나의 독립 조직으로 지각하지 못할 때, 우리는 자아와 초자아가 일치하고 있다고 말할 수 있다. 초자아가 자아와 적대적이거나 최소한 비판적으로 대립하고 있을 때라야 비로소 초자아의 윤곽이 분명해진다. 이드처럼 초자아도 자아 안에 어떤 상태를 일으킬 때 — 예를 들어 비판이 죄책감을 일으킬 때 — 지각 가능해지는 것이다.

## 관찰자로서의 자아

이것은 정신 조직을 관찰하는 데 적합한 자리는 항상 자아라는 것을 의미한다. 자아는 그것을 통해 다른 두 조직을 이해할 수 있는 일종의 매개체인 것이다.

인접한 두 세력 — 즉 자아와 이드 — 사이의 관계가 평화로울 때, 자아는 이드를 관찰하는 역할을 훌륭하게 수행한다. 서로 다른 여러 가지 본능적 충동들이 끊임없이 이드로부터 자아로 진입하려고 시도한다. 자아를 통해 운동 기관에 접근할 수 있고 이를 수단으로 하여 만족을 얻을 수 있기 때문이다. 상황이 순조로울 때, 자아는 침입자에 맞서지 않고 자신의 에너지를 상대가 마음대로 쓸 수 있도록 허용하며, 오로지 이를 지각하기만 할 뿐이다. 자아는 본능적 충동이 일어나고, 긴장 및 이에 수반하는 불쾌감이 증가하다가, 마침내 만족을 경험함으로써 긴장이 해소되는 과정을 따라간다. 이러한 전체 과정을 관찰함으로써 우리는 본능적 충동 및 투여된 리비도의 양 그리고 이 리비도의 목표에 대한 왜곡되지 않은 명료한 상을 얻을 수 있다. 충동에 동의한다면 자아는 이 과정에 일체 관여하지 않는다.

그러나 본능적 충동이 한 조직에서 다른 조직으로 흘러갈 때 불행하게도 모든 종류의 갈등이 일어날 수 있으며, 그로 인해 피치 못하게 이드를 관찰하는 일이 방해받는다.

만족을 향해 움직일 때 이드 충동은 자아의 영토를 통과해야 하는데, 이곳에서 낯선 분위기에 맞닥뜨리는 것이다. 이드 속에서는 소위 〈일차 과정〉이 지배적이다. 개념들은 종합되지 않으며, 감정들은 쉽게 치환되고, 서로 반대되는 것들도 상대를 배제하지 않으며 심지어 서로 일치하고, 응축이 실제로 일어난다. 여기에서 정신 과정을 지배하는 지고한 원리는 바로 쾌락 획득의 원리다. 반면, 자아 속에서 개념들은 엄격한 조건하에서만 서로 연합되는데, 이에 대해서 우리는 〈이차 과정〉이라는 포괄적 용어를 사용한다. 더 나아가, 자아 속에서 본능적 충동들은 더 이상 직접적 만족을 추구할 수 없다. 이제 현실의 요구를 존중하지 않을 수 없으며, 더 나아가 윤리적 원칙과 도덕률 — 이를 통해서 초자아는 자아의 행동을 통제하려 한다 — 을 만족시켜야 한다. 따라서 충동들은 이제 조직의 불쾌를 초래할 위험을 감수하게 되는데, 이는 근본적으로 낯선 상황이다. 그들은 비판과 거절에 노출되고 모든 종류의 변형에 굴복해야 한다. 인접 세력 간의 평화롭던 관계는 이렇게 끝이 난다. 본능적 충동은 특유의 끈기와 활력으로 목표를 계속 추구하고, 기습 공격을 통해 자아를 전복하기 위해 자아 속으로 침입해 들어간다. 이제 자아 입장에서는 의심을 품지 않을 수 없다. 자아 역시 이를 되받아치면서 이드의 영역으로 침범해 들어간다. 이때 자아의 목표는 자신의 경계를 지키기 위해 고안된 적절한 방어 수단을 통해서 이드의 활동을 영구히 중단시키는 것이다.

이러한 과정은 자아의 관찰 기능을 통해서 우리에게 전해지기 때문에 상황을 이해하는 것은 더욱 혼란스러울 수 있다. 그러나 또한 그만큼 더 가치 있는 것이기도 하다. 이를 통해서 두 정신 조직이 동시에 활동하는 것을 목격할 수 있기 때문이다. 우리는 더 이상 왜곡되지 않은 이드 충동을 보고 있지 않다. 우리가 보는 것은 자아 측의 몇 가지 방어 수단을 통해서 변형된 이드 충동이다. 분석적 관찰자의 임무는 독립된 조직들 간 타협의 표현인 이 과정들을 세밀히 구분하여 이를 다시 각 부분, 즉 이드, 자아, 그리고 아마도 초자아로 나누어 보는 것이다.


**관찰 대상으로서의 이드 및 자아의 침입**


이 모든 과정에서, 관찰하는 입장인 우리는 한 조직의 침입과 다른 조직의 침입이 결코 똑같이 가치 있는 것이 아니라는 사실에 충격을 받는다. 이드에 대한 자아의 모든 방어는 아무 소리 없이, 보이지도 않게 이루어진다. 따라서 우리가 할 수 있는 최대치는 이를 후향적으로 재구성해 보는 것뿐이다. 이 과정을 현재형으로 목격하는 것은 절대로 불가능하다. 이는 예를 들어 억압이 성공할 때도 마찬가지로, 이때 자아는 억압 과정에 대해서 아무것도 알지 못한다. 무언가를 놓치고 있다는 것이 명백할 때에만 억압이 일어났다는 것을 겨우 인식할 수 있을 뿐이다. 내가 이야기하고자 하는 것은, 우리가 특정 개인을 객관적으로 평가하고자 할 때, 자아 속에서 만족을 추구하는 모습을 보게 될 것이라고 기대했던 이드 충동을 발견할 수 없다는 것이다. 만약 이 충동들이 결코 그 모습을 보이지 않는다면, 이 충동들이 자아에 의해서 영구적으로 거부되었을 거라고, 다시 말해 억압에 굴복했다고 단지 추측할 수 있을 뿐이다. 그러나 이는 억압 과정 자체에 대해서는 아무것도 이야기해 주지 못한다.

이는 성공적 반동 형성에도 해당된다. 반동 형성은 이드로부터 자신을 계속 보호하기 위해서 자아가 채택하는 가장 중요한 수단 중 하나다. 아동 발달 과정에서 반동 형성은 예상치 못하는 순간에 등장하곤 한다. 그러나 자아가 이러한 반동 형성이 대체한 바로 그 특정한 본능적 충동에 항상 주의를 기울이고 있는 것은 아니다. 원칙적으로 자아는 충동을 거부한 상황에 대해서 아무것도 알지 못하며, 또한 결과적으로 자아에 새로운 특성을 부여하는 이 상황 전체에 대해서도 완전히 무지하다. 분석적 관찰자는 이를 단순히 자아가 스스로 성장한 것으로 생각하기 쉽다. 뭔가를 강박적으로 과장하는 것 —— 이는 반동 형성의 특징이다 —— 이 분명해서 오래된 갈등이 감춰져 있을 수 있겠다고 생각해 보지 않는다면 말이다. 이 경우도 마찬가지로, 특정한 방어 양식을 관찰하더라도 그 방어가 발달한 과정에 대해서는 아무것도 알 수 없다.

정신 분석에서 지금까지의 모든 중요한 정보는 반대편의 침입, 즉 주로 이드의 자아 침입에 대한 연구를 통해 획득되었다. 억압이 성공적일 때 이를 파악하는 것이 난해한만큼, 이 과정이 역전될 때, 다시 말해 신경증에서 볼 수 있듯 억압된 자료들이 되돌아올 때 억압 과정은 투명하게 드러난다. 그리고 이때 우리는 본능적 충동과 자아의 방어 사이에서 일어나는 갈등의 모든 단계를 샅샅이 추적할 수 있다. 마찬가지로 우리가 반동 형성에 대해서 가장 잘 이해할 수 있는 순간은 그것이 해체되는 때다. 그러한 경우, 이드의 침입은 그동안 반동 형성을 통해 감추어져 왔던 원초적인 본능적 충동에 대한 리비도 투여의 강화라는 형태를 취한다. 이 때문에 충동은 의식으로 떠오를 수 있고, 덕분에 잠시 동안이나마 본능적 충동과 반동 형성을 동시에 자아 내에서 관찰할 수 있다. 자아의 다른 기능 —— 통합하는 성향 —— 때문에 분석적 관찰을 위해서는 절호의 기회인 이러한 상황은 아주 잠깐만 유지될 뿐이다. 이제 이드 파생물과 자아 활동 사이에 새로운 갈등이 발생하는데, 이는 누가 주도권을 줄 것이며 이를 어떻게 타협할 것인가에 대한 것이다. 만약 에너지 투여를 강화함으로써 자아가 방어를 구축하는 데 성공한다면, 이드로부터 침입해 오던 세력은 패주하고 다시 한 번 정신에 평화가 내려앉게 된다. 하지만 이는 관찰을 하려는 우리로서는 가장 얻는 것이 없는 상황이다.

2장
# 정신 조직 연구에서 분석 기법의 적용

첫 장에서는 정신 과정에 대한 정신 분석적 관찰이 수행되어야 하는 상황에 대해서 서술하였다. 앞으로는 분석 기법이 이러한 상황에 따라 발달한 과정에 대해서 이야기하겠다.

## 정신 분석 이전 시기의 최면 기법

정신 분석 이전 시기의 최면 기법에서 자아는 여전히 아무런 역할도 부여받지 못했다. 최면술사의 목표는 무의식의 내용물에 가닿는 것이었고, 그는 자아를 단순한 방해 요소로 간주했다. 당시에도 이미 최면을 통해서 환자의 자아를 제거하거나 최소한 어느 정도 압도할 수 있다는 것을 알고 있었다. 『히스테리 연구』(1893~1895)에서 서술된 기법의 새로운 점은 다음과 같다. 즉, 자아가 무의식으로 향하는 길을 막고 있기 때문에 임상가가 환자의 무의식—지금은 이드라고 부른다—에 접근하기 위해서는 이를 제거해야 한다는 것이다. 따라서 여기서 목표는 무의식을 폭로하는 것이고, 이때 자아는 방해 요소이며, 최면은 일시적으로 자아를 제거하는 수단이었다. 최면을 통해 무의식의 조각이 노출되면, 임상가는 이를 자아에게 알리고, 이렇게 강제적으로 무의식을 의식화함으로써 증상이 사라졌다. 그러나 이때 자아는 치료 과정에서 아무런 역할도 하지 못했다. 자아는 최면술사의 영향력 속에 있는 동안에만 침입자를 견뎌 낼 수 있었던 것이다. 조만간 자아는 반란을 일으켰고 강제당한 이드의 요소를 방어해 내려는 새로운 싸움을 시작했으며, 따라서 그토록 고되게 이룩한 치료적 성공은 다시 무효가 되었다. 따라서 최면 기법의 가장 위대한 승리—정신을 탐색하는 동안 자아를 완전히 제거하는 것—는 장기적 관점에서는 비효과적인 것으로 밝혀졌으며, 사람들은 이 기법의 가치에 대한 미몽에서 깨어나게 되었다.

## 자유 연상

심지어 자유 연상 — 정신을 탐색하기 위한 수단으로 최면을 대체했다 — 에서도 자아의 역할은 처음에는 여전히 부정적이었다. 물론 이제 더 이상 환자의 자아를 강제적으로 제거하지는 않았다. 대신에 자아는 스스로를 제거해야 했는데, 떠오르는 연상을 비판하는 것을 피하고, 논리적 연관성에 대한 요구를 버려야 했던 것이다. 즉 평소에 자아에게 주어진 정당한 역할을 포기해야 했다. 자아는 사실 침묵을 지켜야 했고 말할 자격은 이드에게 있었다. 이드에게는 그 파생물이 의식으로 떠오를 때 겪어야 했던 통상적 난관에 부딪히지 않을 거라는 약속이 주어졌다. 물론, 자아에 출현하는 것이 허용된다고 해서 이드의 본능적 목표 — 그것이 무엇이든 — 가 달성될 것이라는 약속까지 주어진 것은 결코 아니었다. 단지 이드를 언어적 표상으로 옮기는 것을 허락한다는 의미일 뿐이었다. 이드에게 운동 기관을 통제할 권리가 주어지지는 않았는데, 사실 이는 이드가 모습을 드러내는 실제 목적일 터였다. 사실 분석 기법의 엄격한 원칙을 통해 운동 기관은 미리 그 활동 능력을 빼앗긴 상태다. 따라서 우리는 환자의 본능적 충동과 이중의 시합을 벌여야 한다. 한편으로는 이드가 자신을 표현하도록 격려하면서, 다른 한편으로는 꾸준하게 그 만족을 거부해야만 하는 것이다. 그리고 이는 결과적으로 분석 기법에 수없이 많은 어려움을 불러일으켰다.

　심지어 오늘날에도 많은 분석 초심자들은 환자의 모든 연상을 변형시키거나 억누르지 않고 모두 끌어내야 한다고 생각한다. 다시 말해서 분석의 근본 원칙에 절대적으로 복종해야 한다고 여기는 것이다. 그러나 이러한 이상이 실현된다 하더라도 그것이 분석의 진전을 의미하지는 않는다. 왜냐하면 결국 이는 단순히 최면 상황 — 임상가가 오로지 이드의 측면에만 집중하는, 이제는 시대에 뒤떨어진 기법 — 을 다시 한 번 불러내는 것에 불과할 것이기 때문이다. 정신 분석을 위해서는 다행스럽게도 그러한 환자의 순종은 실제로는 있을 수 없는 일이다. 이 근본 원칙을 좇는 것은 어느 선 이상으로는 절대로 불가능한 것이다. 자아가 잠시 침묵을 지키면 이드 파생물들은 이를 이용해서 의식 속으로 진입한다. 그리고 분석가는 서둘러 이드의 말을 잡아낸다. 그러나 조만간 자아는 다시 힘을 발휘하기 시작한다. 어쩔 수 없이 취하고 있던 수동적 인고의 태도를 벗어던지고 이런저런 통상적 방어 기제를 통해서 연상의 흐름 속으로 끼어드는 것이다. 이렇게 환자는 분석의 근본 원칙을 위반한다. 다시 말해 소위 〈저항〉을 보이기 시작한다. 이는 이드의 자아 침입이 자아의 이드 침입이라는 역습에 자리를 내준다는 뜻이다. 이제 관찰자의 주의는 연상에서 저항으로, 다시 말해 이드 내용물로부터 자아 활동으로 그 방향이 바뀐다. 이미 서술한 대로 분석가는 그 즉시 이드에 대항하는 이런저런 방어 수단들이 작동하기 시작하는 것을 목격할 수 있는 기회를 얻는다. 그러나 이는 매우 모호하기 때문에 당연히 이제 이 방어 기제 자체가 탐구 대상이 된다. 이렇게 대상이 바뀜에 따라 분석가는 분석 상황 자체가 갑작스럽게 변했다는 것을 알아차린다. 이드를 분석하는 동안 분석가는 이드 파생물이 표면으로 스스로 떠오르는 성향에 도움을 받았다. 그리고 이때 분석 대상의 분투와 분석가의 노력은 같은 방향을 향한다.[1] 그러나 자아의 방어 활동을 분석할 때 당연하게도 그러한 공통 목표란 존재하지 않는다. 자아 속의 무의식적 요소는 의식적인 것이 되고자 하는 의향이 전혀 없으며, 그렇게 하는 데서 아무런 이득도 얻지 못한다. 따라서 자아 분석은 이드 분석보다 항상 훨씬 더 불만족스럽다. 자아 분석은 우회로를 따라서 이루어질 수밖에 없다. 자아 활동을 직접 추적할 수 없으며, 유일하게 가능한 것은 자아가 환자의 연상에 미치는 영향으로부터 이를 재구축하는 것뿐이다. 그것이 누락이건 역전이건 의미의 전치이건 간에, 방어가 일으킨 효과의 특성으로

---

1  이드가 스스로 떠오르려고 하고 있으며, 동시에 분석가 역시 이드가 더 떠오를 수 있도록 노력하고 있다는 뜻이다 —옮긴이주.

부터 우리는 자아가 어떤 종류의 방어를 동원했는지 알아낼 수 있기를 희망한다. 따라서 방어 기제를 인식하는 것이 무엇보다 중요한 분석가의 과업이며, 그것이 가능할 때 분석가는 바로 자아 분석을 해낸 것이다. 이제 분석가의 다음 과제는 방어가 해왔던 일을 뒤집는 것이다. 다시 말해서 억압을 통해 무시되어 왔던 것들을 발견하여 그것에 제자리를 찾아 주고, 전치를 바로잡고, 격리되어 왔던 것들을 원래 맥락 속으로 되돌려야 한다. 분석가가 손상되었던 연결을 재구축할 수 있다면, 이제 자아 분석으로부터 이드 분석으로 다시 한 번 주의를 돌려볼 수 있다.

그렇다면 중요한 것은 분석 원칙 자체의 강화가 아니라 이 분석 원칙이 불러일으키는 갈등이다. 이드와 자아를 번갈아 관찰할 수 있고, 그렇게 관심의 방향이 우리 앞에 있는 인간 존재의 양쪽으로 모두 뻗어나갈 수 있을 때, 〈정신 분석〉이 최면이라는 일방적 방법과는 다르다고 이야기할 수 있을 것이다.

이제 분석 기법이 동원하는 다른 다양한 수단들은 관찰자의 주의가 이드로 향해 있느냐 아니면 자아로 향해 있느냐에 따라서 어렵지 않게 분류할 수 있다.

## 꿈의 해석

환자의 꿈을 해석하는 상황과 자유 연상을 듣는 상황은 비슷하다. 꿈꾸는 사람의 정신 상태는 분석 시간 환자의 정신 상태와 크게 다르지 않다. 분석의 근본 원칙을 따르고 있을 때, 환자는 자아의 일부 기능을 자발적으로 일시 정지시킨다. 꿈꾸는 사람에게서 이러한 일시 정지는 잠의 영향에 의해 자동적으로 일어난다. 환자는 분석가의 카우치에 편하게 눕는데, 이는 본능적 소망을 직접 행동을 통해 충족시킬 수 없도록 하기 위함이다. 마찬가지로 꿈속에서 운동계는 휴지 상태가 된다. 또한 왜곡, 응축, 전치, 역전, 누락을 통해서 잠재몽을 발현몽으로 변환하는 검열의 효과는 자유 연상에서 저항이 일으키는 왜곡에 상응한다. 꿈을 해석함으로써 우리는 이드 탐색에 도움을 받는다. 그러나 이를 위해서는 잠재적 꿈 사고(이드 내용물)에 빛을 비추는 데 성공해야 한다. 또한 꿈 해석은 자아 조직 및 그 방어의 작동을 탐색할 때에도 유용한데, 역시 이를 위해서는 꿈 사고에 검열이 작동할 때 자아가 어떤 수단을 동원했는지 파악할 수 있어야 한다.

## 상징의 해석

꿈을 해석함으로써 우리는 꿈 상징을 이해할 수 있
다. 그리고 이는 이드 연구에 많은 도움을 준다. 상징은 특
정 이드 내용물과 특정 단어 혹은 사물 표상 사이에 존재하
는 보편적으로 타당하고 쉽게 변하지 않는 관계를 의미한
다. 상징을 이해함으로써 우리는 자아가 동원한 방어를 수
고스럽게 하나하나 뒤집어 보지 않고서도 의식적 표현으로
부터 그 배후에 있는 무의식적 자료를 믿을 만하게 유추해
낼 수 있다. 이렇게 상징 이해는 환자를 이해하는 지름길이
며, 더 정확하게 표현하면 의식이라는 가장 높은 지층으로
부터 무의식이라는 가장 낮은 지층으로 한 번에 돌진하는
방법이다. 그리고 이때 우리는 예전 자아 활동의 중간 지
층 —특정한 이드 내용물이 과거 언젠가 나름의 자아 형태
를 갖추면서 형성된 것이다 —에 멈출 필요가 없다. 전형
적인 문제를 푸는 데 수학 방정식이 도움이 되듯, 이드 이해
에 있어 상징의 언어 이해는 중요하다. 방정식은 유용하며,
그 방정식이 어떻게 도출되었는지 아는 것은 중요치 않다.
그러나 이것이 문제를 푸는 데 도움을 주기는 하지만, 수학
을 이해하는 데 도움을 주지는 못한다. 그처럼 상징을 번
역해 냄으로써 우리는 이드의 내용물을 밝힐 수 있지만, 치
료하고 있는 바로 그 사람의 심리를 실제로 더 깊이 이해할

수는 없다.

## 실착 행위

때때로 우리는 다른 방식으로 무의식을 이해한다. 바로 실착 행위로 알려진 이드의 난입을 통해서다. 알다시피 이러한 난입은 분석 상황에서만 발생하는 일이 아니다. 실착 행위는 아무 때나 일어날 수 있는데, 특히 특정 상황에서 자아의 경계심이 풀어져 있거나 주의가 다른 곳에 쏠려 있는데 무의식적 충동이 (다시 한 번 특정 상황 때문에) 갑자기 강화될 때 발생한다. 특히 말실수나 망각의 형태를 띠는 실착 행위는 물론 분석 속에서도 일어나며, 이때 오랫동안 분석적으로 해석하려고 노력했던 무의식의 일부에 빛을 비추어 준다. 정신 분석 역사 초기에 분석가들은 이러한 횡재를 반가워했는데, 이를 통해서 분석적 통찰이 도저히 먹혀들지 않는 환자에게 무의식의 존재에 대한 거의 반박할 수 없는 증거를 보여 줄 수 있었기 때문이었다. 이를 계기로 분석가는 쉽게 이해할 수 있는 예를 통해 전치, 응축, 누락과 같은 다양한 방어 기제를 기꺼이 설명할 수 있었다. 그러나 일반적으로 이야기해서 이러한 기회의 중요성은 분석에서 점점 줄어들었다. 분석 작업을 위해 계획적으로 이드의 난

입을 유발하는 일이 더 중요해졌기 때문이었다.


## 전이

이드 관찰과 자아 관찰이라는 이론적 구분은 아마도 분석가가 지닌 가장 강력한 도구일 전이 해석에도 똑같이 적용할 수 있을 것이다. 전이는 환자가 분석가와의 관계 속에서 경험하는 모든 충동을 의미한다. 이 충동들은 객관적 분석 상황으로 인해 새로이 생겨난 것이 아니다. 그 원천은 어린 시절 — 실제로는 생애 가장 이른 시기 — 까지 거슬러 올라갈 수 있고, 이는 반복 강박의 영향 때문에 분석 상황 속에서 단순히 되살아난 것뿐이다. 반복되는 것이지 새로이 생겨난 것이 아니기 때문에, 전이는 과거의 감정적 경험에 대한 정보를 얻는 수단으로서 다른 무엇과도 비교할 수 없는 가치가 있다. 이제 우리는 전이 복잡성의 정도에 따라 다양한 유형의 전이 현상을 구분할 수 있다는 것을 보여 줄 것이다.

### 리비도 충동의 전이

전이의 첫 번째 유형은 극도로 단순하다. 환자는 사랑, 증오, 질투나 불안과 같은 강렬한 감정으로 인해 분석가와의 관계가 혼란에 빠져 있다는 것을 발견한다. 그런데 이 감정들은 실제 일어난 일들만 두고 보면 도저히 정당화할 수 없다. 환자는 이 감정에 저항하지만, 의지로는 어떻게 해볼 수 없기에 수치와 굴욕을 느낀다. 종종 단지 환자가 분석의 근본 원칙[2]을 따르도록 이끄는 것만으로도 이러한 감정은 의식적으로 표현된다. 그리고 이를 더 탐색해 들어가다 보면 그 실제 본성이 드러난다. 이는 바로 이드의 난입인 것이다. 이 감정들의 원천은 오이디푸스 콤플렉스나 거세 콤플렉스와 같은 오래된 감정적 배치에 있으며, 이 감정들을 분석 상황에서 떼어 내어 유아적 감정 상황 속에 대입해 볼 때라야 비로소 우리는 이를 이해하고 받아들일 수 있다. 이렇게 원래 자리로 되돌아갈 때 이 감정들은 환자가 망각하고 있던 과거의 공백을 채울 수 있게 도와주고, 유아 때의 본능 및 감정생활에 대한 생생한 정보를 제공한다. 일반적으로 환자는 아주 기꺼이 해석에 동조하는데, 전이된 감정적 충동을 자신을 침입하는 이물질로 느끼기 때문이다. 이렇게 감정을 과거 자리 속으로 되돌림으로써 자아가 낯설어 하는 현재 충동으로부터 벗어날 수 있고, 따라서 분석 작업을 계속해 나가는 것이 가능해진다. 여기에서 이러한 전이의 첫 번째 유형은 이드 관찰만을 돕는다는 사실에

---

2  자유 연상을 가리킨다 — 옮긴이주.

주목해야 한다.

방어의 전이

두 번째 유형의 전이에서 상황은 달라진다. 분석 상황에서 환자를 지배하는 반복 강박은 이전의 이드 충동뿐 아니라 과거에 본능에 저항할 때 사용했던 방어 수단들에까지 영향을 미친다. 따라서 환자는 의식적으로 표현되기 전까지는 성인 자아의 이차적 검열을 받지 않는 왜곡되지 않은 유아적 이드 충동뿐 아니라, 이미 유아기 때 수많은 형태로 왜곡되어 버린 이드 충동들 또한 전이한다. 극단적인 경우 본능적 충동 그 자체는 결코 전이 속에 나타나지 않을 지도 모른다. 이때 전이되는 것은 오직 리비도의 긍정적이거나 부정적인 태도에 저항하기 위해 자아가 채택한 특정 방어들뿐이다. 예를 들어, 환자는 잠재적 여성 동성애 성향으로 인한 긍정적 사랑 고착으로부터 도피 반응을 보이거나, 순종적이거나 여성적, 피학적인 태도를 보일 수도 있다. 그리고 이는 빌헬름 라이히(1933)가 아버지와의 관계에서 한때 공격성 문제가 있었던 남성 환자 사례에서 주목했던 것이다. 이러한 전이된 방어 반응에 대해서 환자가 〈위장〉하고 있다고 이야기하거나, 〈분석가의 다리를 잡아끌고 있다〉고 비난하거나, 의도적으로 분석가를 속이고 있다고 말하는 것은 모두 환자를 부당하게 오해하는 것이다. 이런 환자에게 분석의 근본 원칙을 단호하게 밀어붙이는 일은, 그러니까 환자에게 솔직해야 한다고 압박함으로써 전이에서 드러나는 방어 밑에 숨어 있는 이드 충동을 이끌어 내는 것은 쉽지 않다. 사실 이때 환자는 〈정말로〉 솔직하다. 그는 가능한 유일한 방식, 즉 왜곡된 방어 수단을 통해 자신의 감정이나 충동을 표현하고 있는 것이다. 그런 경우 분석가는 본능이 겪어 낸 모든 변형의 중간 단계들을 누락 없이 하나하나 확인해야 하며, 자아가 그에 저항하여 방어를 구축한 원시적, 본능적 충동에 어떤 일이 있더라도 직접 가닿아야 하고, 이를 환자의 의식에 보여 주어야 한다. 그리고 이를 위한 더 올바른 방법은 분석의 초점을 옮기는 것이다. 다시 말해 우선 본능으로부터 특정 방어 기제로, 다시 말해서 이드에서 자아로 초점을 변환해야 하는 것이다. 만약 본능이 다양하게 변형되며 거쳐 온 길을 역으로 추적해 가는 데 성공한다면, 분석에서 얻는 소득은 두 배가 될 것이다. 우리가 해석해 온 전이라는 현상은 둘로 나눌 수 있다. 이는 모두 과거에서 유래한 것인데, 그 하나는 리비도적이거나 공격적인 요소로서 이드에 속하고, 다른 하나는 일종의 방어 기제로서 분명 자아 — 이드 충동이 처음 발생한 시기의 자아라면 가장 도움이 된다 — 에 속한다. 첫 번째 유형의 단순한 전이에 대한 해석을 통해 환자의 본능 생활에 대한 기억의 공백을 메꿀 수 있는 것처럼, 환자의 자아 발달

역사, 다른 말로 하자면 본능이 겪은 변형의 역사 속의 공백을 완성하고 채울 수 있는 정보 또한 얻을 수 있는 것이다.

　두 번째 유형의 전이 해석은 첫 번째 유형보다 더 많은 결실을 가져다주지만, 분석가와 환자 사이에서 발생하는 대부분의 기법적 어려움 또한 바로 여기에서 생긴다. 환자는 두 번째 유형의 전이 반응을 낯설다고 느끼지 않는데, 이는 자아 — 비록 이른 시기의 자아이지만 — 가 전이 발생에 얼마나 많은 역할을 하고 있는지 생각해 본다면 그리 놀라운 것도 아니다. 그러나 이러한 현상이 반복해서 일어나는 속성이 있다는 것을 환자에게 납득시키기란 쉽지 않다. 저항이 자아 속에 출현하는 형태가 자아 동조적이기 때문이다. 이미 오래전에 검열에 의한 왜곡이 이루어졌기 때문에, 성인 자아는 자유 연상에서 이를 드러내는 것에 저항해야 할 아무런 이유도 찾지 못한다. 합리화를 통해 원인과 결과 사이의 불일치 — 관찰자에게는 자명하다 — 에 쉽게 눈감아 버리면서, 이들은 전이를 객관적으로 납득시키는 것이 불가능하다는 사실을 분명하게 보여 준다. 전이 반응이 이러한 형태를 띤다면, 환자가 첫 번째 유형의 전이 분석 때처럼 기꺼이 분석에 동조하리라고 기대할 수 없다. 해석이 몰랐던 자아의 일부나 과거 자아 활동을 건드릴 때마다 자아는 분석 작업에 전적으로 맞선다. 그리고 여기에서 분명 우리는 소위 〈성격 분석〉 — 그리 적절한 용어는 아니다 — 이라고 흔히 부르는 상황 속에 있다.

이론적 관점에서 전이 해석을 통해 드러나는 현상은 두 집단으로 나뉜다. 그 하나는 이드 내용물에 의한 것이고 다른 하나는 자아 활동에 의한 것으로, 해석을 통해 환자는 이 둘을 모두 의식할 수 있게 된다. 환자의 자유 연상에 대한 해석이 일으키는 결과 역시 비슷하게 구분할 수 있는데, 방해받지 않은 연상의 흐름이 이드 내용물에 빛을 던져 주거나, 자아가 동원한 방어 기제로 인해 저항이 발생하는 것이다. 이 둘 사이의 유일한 차이는 전이 해석의 경우 오직 과거와 연관되어 있으며 환자 과거 인생 전체를 순식간에 밝혀 줄 수 있는 반면에, 자유 연상을 통해 드러나는 이드 내용물은 특정 시기와 결부되어 있지 않고, 자유 연상에 대한 저항의 형태로 분석 시간에 드러나는 자아의 방어 활동은 환자의 현재 삶과도 연관되어 있을 수 있다는 점이 되겠다.

전이에서의 행동화

한편, 세 번째 형태의 전이를 통해서도 환자에 대한 중요한 지식을 얻을 수 있다. 지금까지 서술한 꿈 해석, 자유 연상, 저항 해석, 그리고 전이라는 형태를 통해 우리가 만나는 환자는 항상 분석 상황, 즉 인위적인 정신 내적 상태에 있다. 이때 두 정신 조직의 상대적 힘은 평소와 다르다. 균형은 이드 쪽으로 쏠려 있는데, 꿈의 경우에는 잠의 영향 때문에, 자유 연상의 경우에는 분석의 근본 원칙을 준수하기 때문에 이러한 일이 일어난다. 분석에서 자아에 속한 요소를 마주칠 때, 그것이 꿈 검열의 형태로서든 아니면 자유 연상에 대한 저항의 형태로서든 이 요소가 지닌 힘은 항상 손상된 상태이며 그 영향력 또한 감소되어 있다. 따라서 우리가 자아가 원래 지녔을 그 자연스러운 크기와 활력을 그려 보는 것은 종종 극도로 어려운 일이다. 우리는 모두 드물지 않게 분석가를 향하는 비난에 익숙하다. 즉, 분석가는 환자의 무의식에 대해서는 잘 알고 있지만 자아에 대해서는 미숙한 판단을 내린다는 것이다. 분명 이러한 비판은 수긍할 만하다. 왜냐하면 분석가에게는 환자의 자아 전체가 활동하는 것을 관찰하는 기회가 부족하기 때문이다.

이제 전이가 강해지면서 환자는 더 이상 정신 분석 치료의 엄격한 원칙을 지키지 못하고, 전이된 감정이 담겨 있는 본능적 충동이나 방어 반응을 일상생활 속에서 행동화하게 된다. 이것이 바로 전이의 〈행동화〉로 알려져 있는 것으로, 엄격하게 이야기하자면 이 순간 환자는 이미 분석의 경계를 넘어서고 있다. 분석가 관점에서 이는 많은 것을 가르쳐 주는데, 환자의 정신 구조가 이를 통해 자동적으로 자연스레 드러나기 때문이다. 이러한 〈행동화〉를 해석하는 데 성공할 때마다, 우리는 전이가 어떤 요소로 구성되어 있는지 쪼개어 볼 수 있고 그 덕분에 이 특정 순간에 각기 다른 정신 조직이 공급하는 실제 에너지의 양을 확인할 수 있다. 환자가 자유 연상하고 있을 때와는 대조적으로, 행동화 상황은 정신 조직 각자가 상황에 절대적 그리고 상대적으로 본래 어느 정도 기여하는지 보여 주는 것이다.

비록 이러한 측면에서 전이 〈행동화〉의 해석이 소중한 통찰을 주기는 하지만, 여기에서 얻을 수 있는 치료적 이득은 그리 많지 않다. 무의식을 의식 속으로 데려오는 일 그리고 이드, 자아, 초자아 사이의 관계에 치료적 영향을 행사하는 일은 분명 분석 상황 속에서 이루어진다. 그리고 분석 상황은 인위적으로 형성된 것으로, 자아 활동이 억제되고 있다는 면에서 여전히 최면과 닮았다. 그러나 자아가 자유롭게 기능한다면, 혹은 자아가 이드와 공동 전선을 펼치면서 자신의 요구를 관철한다면, 정신 내적 전치가 일어나거나 외부에서 정신에 영향을 미칠 수 있는 기회는 거의 없을 것이다. 따라서 우리가 행동화라고 부르는 이러한 세 번째 형태의 전이는 다른 어떤 형태의 전이보다 다루기 어렵다. 따라서 당연하게도 분석가는 분석적 해석과 비분석적 금지라는 수단을 통해서 가능한 한 최대로 행동화를 억제해야 한다.

## 이드 분석과 자아 분석의 관계

지금까지 어떻게 전이 현상을 세 가지 — 리비도적 성향의 전이, 방어적 태도의 전이, 그리고 전이의 행동화 — 로 구분할 수 있는지 제법 자세히 알아보았다. 나는 이드 파생물을 의식으로 데려오는 일은 상대적으로 어렵지 않으며, 오히려 분석 기법상 가장 큰 문제를 불러일으키는 상황은 자아 속에 있는 무의식적 요소와 씨름할 때라는 것을 보여 주려고 노력했다. 이는 다음처럼 표현하는 것이 더 나을지도 모르겠다. 즉, 분석 기법 자체에 문제가 내재해 있는 것은 아니다. 우리는 분석 기법을 통해 이드나 초자아의 무의식적 일부를 의식으로 데려오는 것만큼 자아의 무의식적 일부를 의식으로 데려오는 작업을 잘 해낼 수 있다. 그러나 다만, 우리 분석가들이 이드 분석보다는 자아 분석의 어려움에 덜 익숙할 뿐이다. 더 이상 분석 이론은 자아 개념이 지각적 의식 체계 개념과 일치한다고 주장하지 않는다. 다시 말해서 자아 조직의 많은 부분이 그 자체로 무의식이라는 것을 알게 되었으며, 이를 의식하기 위해서는 분석의 도움이 필요하다는 것을 깨달았다. 그 결과 우리에게는 자아 분석이 더 중요해졌다. 분석 속으로 들어오는 자아 측의 것은 그것이 무엇이든 이드 파생물만큼 좋은 분석 자료가 된다. 절대 이를 단순한 이드 분석의 방해물로 치부해서는 안 된다. 물론 자아에서 유래하는 모든 것은 그 단어의 모든 의미에 있어서 일종의 저항이기도 하다. 이는 무의식의 출현을 방해하려 하는 힘이며, 따라서 분석가의 작업 역시 방해한다. 우리는 환자의 자아를 분석하는 법을 야심차게 배우고자 한다. 비록 이 작업이 자아의 의지에 거슬러 행해져야 하며, 최소한 이드 분석만큼 불확실한 작업이지만 말이다.


## 분석 기법의 일방성과 그로 인한 어려움


지금까지 이야기한 것으로부터 다음과 같은 것을 알게 되었다. 즉, 우리가 환자의 자유 연상과 잠재적 꿈 사고, 상징의 번역, 전이의 내용물—그것이 상상한 것이든 실제로 행동화한 것이든—에 주의를 기울인다면 이드에 대해서는 더 알 수 있을 것이나, 이때 분석은 일방적이라는 것이다. 반면 저항과 꿈 검열 작업에 대한 탐색 그리고 본능적 충동이나 환상에 대한 다양한 방어 양식에 대한 연구를 통해 우리는 지금까지 알지 못했던 자아와 초자아의 활동에 대해서 더 잘 이해할 수 있을 것이다. 그렇지만 이 방법 또한 앞의 방법만큼 일방적이다. 따라서 이 두 가지 방식의 연구를 어느 쪽으로도 치우치지 않고 결합할 때에만 분석 대상자의 내적 상황에 대한 완전한 이해에 도달할 수 있을 것이다. 또한 다른 모든 것을 제쳐놓고 여러 분석적 탐구 수단 중 오직 하나에만 매달린다면, 그 결과 정신적 인격에 대한 왜곡되었거나 최소한 불완전한 그림을 그릴 수 있을 뿐이다. 현실을 곡해할 수밖에 없는 것이다.

예를 들어 상징 번역에만 배타적으로 몰두하는 기법은 이드 내용물을 이루는 자료만을 한정적으로 이끌어 낼 것이다. 이러한 기법을 사용하는 분석가는 자연스럽게 자아 조직 속의 무의식적 요소를 무시하거나 좌우간 중요치 않게 생각하기 쉽다. 이는 다른 분석적 수단을 통해서만 의식으로 데려올 수 있기 때문이다. 이 분석가는 그렇게 자아를 통해 우회할 필요가 없다고 이야기하면서 이 기법을 정당화하려 할지도 모른다. 이를 통해 억압된 본능 생활에 직접 닿을 수 있다고 생각하면서 말이다. 그럼에도 불구하고, 그 결과는 여전히 불완전할 것이다. 자아의 무의식적 방어 작용에 대한 분석을 통해서만 본능이 겪은 변형 과정을 재구성할 수 있기 때문이다. 물론 이에 대해 모른다고 하여도 억압된 본능적 소망과 환상의 내용물에 대해 많은 것을 알 수는 있겠지만, 그들이 거쳐 온 변천 과정에 대해서 뿐 아니라 인격 구조 속으로 진입한 다양한 방식에 대해서는 거의 아무것도 이해하지 못할 것이다.

또한 위와는 반대 방향으로 너무 나아간 나머지 환자

의 저항에만 배타적으로 집중하는 기법 역시 그 반대 측면에서 문제를 일으킬 것이다. 이러한 방법은 피분석자 자아의 전체 구조를 보여 줄 수 있을지 모르나, 이드 분석이 지닌 깊이와 완전성을 희생할 수밖에 없을 것이다.

전이에 과도하게 집중하는 기법 역시 비슷한 결과를 야기한다. 물론 이러한 방법으로 환자를 강렬한 전이 상태로 이끈다면 이드의 가장 깊은 지층에서 풍성한 자료들이 산출될 수는 있을 것이다. 그러나 그 과정에서 환자는 분석 상황의 경계를 넘어서게 된다. 자아는 이제 더 이상 외부에 남아 있지 못한다. 자아의 에너지는 감소하고 그 힘이 줄어들며 객관적 관찰 능력 또한 저하되면서, 벌어지는 상황 속에서 능동적인 역할은 아무것도 하지 못한다. 환자의 자아는 사로잡히고, 압도당하며, 행동으로 휩쓸려 들어간다. 비록 환자 자아가 반복 강박에 지배당하면서 완전히 유아적 자아처럼 행동하고 있는 것은 사실이지만, 그렇다고 〈지금〉 분석이 아니라 행동이 일어나고 있다는 사실이 변하지는 않는다. 오히려 이 상황이 의미하는 것은 그러한 기법이 물론 환자에 대한 더 심오한 지식을 얻고자 하는 간절한 바람에서 시작된 것이지만, 결국 치료적 관점에서는 실망만을 남긴다는 사실이다. 그리고 이론적 관점에서 우리는 이것이 전이의 행동화 때문이라고 자연스럽게 예측할 수 있다.

다시 한 번, 나 자신이 옹호했던(1926~1927) 아동 분석 기법이 이러한 일방성에 대한 좋은 예가 된다. 만약 우리가 자유 연상을 포기하고 상징 해석을 삼가면서 오직 분석의 후기 국면에 이른 후에만 전이 해석을 시작해야 한다면, 이드 내용물과 자아 활동을 발견하기 위한 세 가지 중요한 길이 닫혀 버릴 것이다. 이제 떠오를 의문에 대해서는 다음 장에서 대답하고자 한다. 즉, 우리는 어떻게 이러한 결핍을 보충할 것인가, 그리고 다른 무엇보다 정신생활의 표면적 지층을 어떻게 넘어서 나아갈 수 있을 것인가?

3장
# 분석 대상으로서 자아의 방어 활동

## 분석 방법과 자아의 관계

　앞 장의 다소 지루하고 세밀한 이론적 논의들은 사실 실용적 목적을 위해서라면 간단한 문장 몇 개로 요약할 수 있을 것이다. 즉, 무의식적인 것 — 그것이 어느 정신 조직에 속해 있든 간에 — 을 의식으로 데려오는 것이 분석가의 임무다. 분석가는 객관적 견지에서 세 정신 조직 속에 있는 무의식적 요소들에 균등한 주의를 기울여야 한다. 다시 말해 깨달음을 위한 작업에 착수할 때 분석가는 이드, 자아, 초자아로부터 똑같은 거리에 자리 잡아야 한다.

　그러나 불행하게도 다양한 주변 상황 때문에 관계의 명료한 객관성이 흐려지는데, 분석가에게 편견이 없는 것만으로는 이를 보상할 수 없다. 각 정신 조직들은 분석가의 노력에 서로 다른 방식으로 반응한다. 알다시피 이드 충동은 원래 무의식적으로 남아 있으려 하지 않는다. 그들은 자연스레 위를 향하며 의식으로 뚫고 들어가서 만족을 얻거나 최소한 의식 표면에 그 파생물들을 올려 보내려는 시도를 계속한다. 앞서 언급했듯 분석가의 작업 역시 이렇게 위로 향하려는 성향을 가지고 있으며 이 성향을 강화한다. 따라서 이드 안의 억압된 요소에게 분석가는 조력자나 해방자의 모습으로 나타난다.

그러나 자아와 초자아에게는 상황이 다르다. 자아 조직이 자신이 지닌 수단을 통해 이드 충동을 억제하려고 노력하는 한, 분석가는 평화를 뒤흔드는 훼방꾼이다. 분석을 통해 분석가는 자아가 간신히 유지해 왔던 억압을 파기하고, 완벽하게 자아 동조적이었던 타협 형성 — 비록 그것이 병리적인 결과를 일으켜 왔던 것은 사실이지만 — 을 파괴해 버린다. 무의식을 의식으로 데려온다는 분석가의 목표와 본능 생활을 지배하려는 자아 조직의 노력은 이렇게 서로 대치된다. 따라서 환자가 자신의 병을 통찰함으로써 상황이 달라지지 않는 한, 자아 조직은 분석가의 목적을 위협으로 여긴다.

이제 앞 장에서 서술한 순서를 따라 세 겹으로 이루어진 자아와 분석 작업의 관계를 서술할 것이다. 우선 자아는 앞서 얼마간 설명했던 자기관찰 능력을 행사하면서 분석가와 협력한다. 분석가는 이 능력을 최대한 활용하여 다른 정신 조직들에 대한 정보를 얻는데, 이는 이드나 초자아가 자아의 영토 속으로 진입할 때 형성되는 파생물들로부터 이끌어 낸 것이다. 한편 자아는 분석에 대립한다. 이는 우선 자아가 신뢰성이 떨어질 뿐 아니라, 자기관찰 역시 왜곡되어 있기 때문이다. 자아는 어떤 사실들은 꼼꼼하게 기록하면서 통과시키지만, 어떤 것은 왜곡하고 거부하면서 드러나지 못하도록 막는다. 그리고 이는 출현하는 모든 것을 차별 없이 바라볼 것을 강조하는 분석적 연구 방법과는 완전히 대치되는 것이다. 마지막으로, 자아는 그 자체가 분석의 대상이 되는데, 이는 금지된 본능적 충동의 무의식적 활동과 아주 유사하게도 자아가 지속적으로 관여하는 방어 작업이 무의식적으로 이루어지기 때문이며, 상당한 노력을 쏟아부은 후에야 이를 의식으로 데려올 수 있기 때문이다.


## 저항으로 나타나는 본능에 대한 방어


　　앞 장에서 나는 연구적 목적으로 이드 분석과 자아 분석을 이론적으로 구분하기 위해서 노력하였다. 그러나 사실 이 둘은 실제 분석 작업 속에서는 서로 뗄 수 없이 결합되어 있다. 따라서 이론적 구분을 위한 시도는 경험을 통해서 우리가 알게 된 결론을 다시 한 번 확인해 줄 뿐이다. 즉, 분석에 있어 자아 분석을 도와주는 모든 자료들은 이드 분석에 대한 저항의 형태로 나타난다는 사실이다. 이는 너무도 자명하기 때문에 설명할 필요조차 없는 것처럼 보인다. 분석에서 자아는 일종의 길항 작용을 통해 이드의 침입을 저지하고자 할 때마다 적극적이 된다. 분석의 목적이 억압된 본능의 관념적 표상이 의식으로 진입토록 하는 것, 다시 말해 이드의 침입을 촉진하는 것이기 때문에 그러한 표상에 대한 자아의 방어 작업은 자동적으로 분석에 대한 적극적 저항의 양상을 보인다. 더 나아가 분석가는 자신의 개인적 영향력을 활용하여 환자가 분석의 근본 원칙을 벗어나지 않도록 단속한다. 따라서 이를 통해 억압된 관념들이 환자의 자유 연상 속에 출현하게 되기 때문에, 본능에 저항하기 위해 자아가 구축한 방어는 분석가 자신과 직접적으로 대치하는 형태를 띤다. 이제 분석가에 대한 적대 행위와 이드 충동의 출현을 저지하기 위해서 고안한 수단을 강화하는 일은 자동적으로 일치할 수밖에 없다. 그러나 분석에서 언젠가 방어가 철회되면서 본능적 표상이 자유 연상의 형태로 방해받지 않은 상태에서 모습을 드러낼 수 있다면, 이 순간부터 자아와 분석가 사이의 관계는 혼란에서 벗어난다.

물론 이러한 방식 외에도 분석에서 저항은 많은 다양

한 형태를 보일 수 있다. 이러한 소위 자아 저항 외에도 주지하다시피 이와는 다른 방식으로 형성되는 전이 저항이 있으며, 분석에서 극복하는 것이 참으로 어려운, 반복 강박에서 유래한 다른 저항 세력들 또한 존재한다. 따라서 모든 저항이 자아 측의 방어책 때문에 일어난 것이라고 이야기할 수는 없다. 그러나 이드에 저항하는 모든 방어는, 그것이 분석 중에 구축된 것이라면, 오로지 분석 작업에 대한 저항의 형태로서만 발견될 수 있다. 자아 저항에 대한 분석을 통해 우리는 전면적으로 일어나고 있는 자아의 무의식적 방어 활동을 관찰하고 이를 의식으로 가져올 수 있는 좋은 기회를 얻는다.

## 감정에 대한 방어

자아와 본능이 충돌할 때 외에도 자아 활동을 면밀히 관찰할 수 있는 다른 기회들 또한 존재한다. 자아는 의식에 접근하여 만족을 얻기 위해 자아의 영토 속으로 뚫고 들어오려 하는 이드 파생물과만 갈등을 겪는 것이 아니다. 자아는 본능적 충동과 연관된 감정에 대해서도 그만큼 적극적이고 열성적으로 스스로를 방어한다. 본능의 요구를 거절할 때, 이러한 감정들과 타협하는 것이 항상 자아의 첫 번째 임무가 된다. 사랑, 갈망, 질투, 굴욕, 고통, 애도는 성적 소망에 동반된다. 증오, 분노, 격노는 공격적 충동과 함께 한다. 이러한 감정들이 결부되어 있는 본능적 욕구를 밀어내기 위해서는, 자아가 이를 제어하기 위해서 동원하는 그 모든 다양한 수단들로 감정 또한 굴복시켜야 한다. 다시 말해서 감정 또한 변형되어야 하는 것이다. 분석 속에서든 분석 밖에서든 감정의 변형이 일어날 때마다 자아는 활동하고 있는 것이며, 이때가 자아 활동을 연구할 기회다. 본능적 욕구와 연관된 감정의 운명은 관념적 표상의 운명과 같지 않다는 것을 우리는 알고 있다. 그러나 자아가 활용할 수 있는 방어 수단은 한정되어 있다. 인생의 특정 시기에, 당시 자아의 특수한 구조에 따라 개인적 자아는 이런저런 방어 방법들 — 이는 억압일 수도 있고 전치나 역전일수도 있다 — 을 선택한다. 그리고 이를 본능과의 갈등뿐아니라 그와 연관된 감정이 풀려나는 것에 대한 방어로서 동시에 활용한다. 만약 특정 환자가 본능적 충동의 출현에 대해서 스스로 어떻게 방어하는지 알 수 있다면, 다시 말해서 그 환자가 보이는 습관적 자아 방어의 특징에 대해서 알고 있다면, 불편한 감정에 대해서 어떤 태도를 취할 것인지도 예측해 볼 수 있을 것이다. 또한 다른 환자에서 감정 변형의 특정 양식 — 예를 들어 감정의 완전한 억제나 부정 등 — 이 분명하게 드러난다면, 그가 본능적 충동과 자유 연상으로부터 스스로를 같은 방식으로 방어한다고 해도 놀라지 않을 것이다. 그 둘은 같은 자아며, 모든 갈등 속에서 자아는 대체로 활용할 수 있는 수단들을 일관되게 동원할 것이기 때문이다.


## 영구적 방어 현상

자아의 방어 작용을 연구할 수 있는 또 하나의 영역은 빌헬름 라이히(1933)가 〈저항의 꾸준한 분석〉에 대한 서술에서 언급한 현상이다. 이는 전체적으로 경직되고 딱딱한 태도를 일컫는데, 이때 환자는 굳은 미소를 띠고 거만하게 빈정대면서 분석가를 경멸하는 독특한 모습을 보인다. 이는 모두 과거 한때 아주 활발하게 작용했던 방어 과정의 잔재로서, 그것이 유래한 원래 상황(본능 혹은 감정과의 갈등)에서 해리되어 영구적 성격 특성 즉 〈성격 갑옷〉(라이히는 이를 〈charakterpanzerung〉이라고 불렀다)이 되어 버린 것이다. 분석 속에서 이 잔재의 역사적 원천을 추적해 내는 데 성공한다면, 이들은 유동성을 되찾고 고착이 사라지면서 그 순간 자아가 적극적으로 관여하는 방어 작용에 접근할 수 있다. 그러나 이러한 방어 양식은 영구적인 것이 되어 버렸기 때문에, 현재 시점에서 우리는 더 이상 본능적 욕구 혹은 감정의 출몰과 이 방어 양식의 출몰 사이의 연관성을 내부적으로 찾을 수 없다. 또한 그와 연관된 감정적 자극이나 그러한 방어를 일으키도록 유혹하는 상황이 시작되고 끝나는 것을 외부적으로 확인할 수도 없다. 그러므로 이러한 방어의 분석은 특히나 수고스러운 과정이다. 따라서 자아, 본능, 감정 사이에 현재 갈등이 있다는 증거를 전혀 탐지하지 못할 때에만 이러한 방어에 대해서 고려해 보아야 한다고 말하는 것은 분명 정당한 일일 터다. 또한 우리가 〈저항의 분석〉이라는 용어를 이 특정 현상의 분석에만 국한하여 사용해서는 안 된다는 것도 분명하다. 이는 모든 저항 양식에 적용될 수 있는 용어이기 때문이다.

## 증상형성

자아의 저항, 본능에 대항하는 자아의 방어 수단, 그리고 그 과정에서 감정이 겪는 변형에 대한 분석을 통해 자아의 방어법들이 생생한 흐름 그대로 드러나고, 우리는 이를 의식할 수 있게 된다. 그리고 이는 영구적 〈성격 갑옷〉을 분석할 때 그 석화(石化) 상태 속에서 우리가 마주치게 되는 것과 똑같은 방어다. 이때 우리는 이러한 방어와 더 큰 규모로 마주쳤다가, 신경증 증상의 형성 과정을 탐색할 때 그것이 고착된 상태에서 다시 한 번 만나게 된다. 왜냐하면 우리가 증상이라고 부르는 이러한 타협이 형성될 때, 자아는 특정한 본능적 욕구와 마주칠 때마다 그에 고유한 방어 방법을 일관되게 사용하기 때문이다. 본능적 욕구가 정형화된 형태로 되풀이해서 일어날 때마다 똑같은 방어를 반복하는 것이다. 이제 우리는 특정 신경증과 고유한 방어 양식 간에 일정한 관계가 있다는 것을 알고 있다.[3] 예를 들어 히스테리는 억압과, 강박 신경증은 격리 및 취소와 연관되어 있다. 환자가 감정에 대해 사용하는 방어 양식이나 환자 자아가 채택한 저항의 형태에 대해서 탐구할 때도 똑같은 일관된 연관성이 발견된다. 분석에서, 자유 연상에 대한 태도 및 혼자 있을 때 본능의 욕구를 통제하고 불편한 감정을 밀어내기 위해서 취하는 태도를 통해서 우리는 증상 형성의 특성을 〈연역적으로〉 더듬어 볼 수 있다. 또 한편으로 이를 이해함으로써 그 저항의 구조 및 감정과 본능에 대한 방어를 〈귀납적으로〉 추론할 수도 있다. 이러한 병렬성은 히스테리와 강박 신경증의 사례에서 가장 잘 확인할 수 있는데, 증상 형성과 저항의 형태 사이 관계가 여기에서 가장 분명하게 드러나기 때문이다. 히스테리 환자의 경우 본능

---

**3** 이에 대해서는 「억압, 증상, 그리고 불안」(프로이트, 1926)을 보라. 또한 이 논문이 인용되고 있는 본서 60쪽을 참고하라.

과의 갈등으로 인한 증상 형성은 기본적으로 억압에 기반하고 있다. 이 환자들은 자신의 성적 충동의 관념적 표상을 의식에서 추방해 버리는데, 자유 연상에 저항하는 형태 또한 이와 유사하다. 자아의 방어를 일으키는 연상을 그냥 지워 버리는 것이다. 환자는 의식적으로는 아무것도 느끼지 못한다. 그는 말을 멈춘다. 그러니까 증상이 형성될 때 본능에 일어나는 차단 작용이 연상의 흐름에도 일어나는 것이다. 한편, 알다시피 강박 신경증 환자의 자아가 채택하는 방어 양식은 바로 격리다. 환자는 본능적 충동을 의식에 담고 있지만, 그 원래 맥락을 지워 버린다. 따라서 이 환자가 보이는 저항은 다른 형태를 띤다. 강박적인 환자는 침묵을 지키지 않는다. 그는 저항하고 있을 때조차 이야기를 멈추지 않는다. 그러나 연상 사이의 연결이 손상되고 감정으로부터 생각이 격리되어 있기 때문에, 이들의 연상을 하나하나 들여다보면 별 의미가 없다. 크게 볼 때 강박 증상이 별 의미가 없어 보이듯 말이다.


## 분석 기법 그리고 본능과 감정에 대한 방어

한 어린 소녀가 급성 불안 상태를 분석하기 위해 나를 찾았다. 소녀는 일상생활을 유지할 수 없었고 규칙적으로 등교하는 것이 불가능했다. 어머니가 우겨서 오기는 했지만 소녀는 자신의 과거와 현재 삶에 대해 말하는 데 주저하지 않았다. 나에 대한 태도는 우호적이었고 솔직했으나, 나는 그녀가 증상에 대한 언급을 조심스럽게 피하고 있다는 것을 알아차렸다. 소녀는 분석 회기 사이에 일어난 불안 발작에 대해서는 결코 이야기하지 않았다. 증상에 대해 말해 보라고 압박하거나, 연상이 드러내는 명백한 징후에 기반을 두어 불안에 대해 해석할라치면 그 우호적 태도가 사라져 버렸다. 매번 소녀는 해석을 조소하고 경멸하는 말들을 쏟아 부었다. 분석 태도와 어머니와 관계 사이의 연관성을 발견해 보려는 노력 역시 완전히 실패했다. 의식이나 무의식 속에서 아무런 연관성도 찾을 수 없었던 것이다. 이렇게 경멸과 조소의 폭발이 반복되자 분석가는 당황했고, 일정 기간 동안 분석은 앞으로 더 나아가지 못했다. 그러나 분석이 깊어지면서 우리는 이러한 감정이 실질적 의미에서의 전이 반응을 나타내는 것이 아니며, 사실 분석 상황과 전혀 관련되어 있지 않다는 것을 알아차렸다. 이 감정은 환자의 자신에 대한 통상적 태도를 보여 주고 있었던 것이다. 따스함이나 갈망, 혹은 불안과 같은 감정이 출현할 때마다 그녀는 이 같은 모습을 보였다. 그리고 감정이 강하게 압박할수록 스스로를 더 격렬하고 통렬하게 조소했다. 불안의 요구를 의식 속에서 작업해 보자고 격려하고 있던 분석가는 오로지 이차적으로만 이러한 방어 반응의 대상이 될 뿐이었다. 불안의 내용 그 자체에 대한 해석은 다른 소통 방식을 통해 아무리 옳게 유추되었다고 하더라도 아무런 효과가 없었다. 그 감정에 대한 접근이 매번 방어 반응을 강화시키는 결과만을 낳았기 때문이었다. 경멸이 담긴 비난을 통해 감정을 방어하는 환자의 방식 — 이는 환자 삶 속에서 이제 거의 자동적으로 이루어지고 있었다 — 을 의식하게 만듦으로써 그 방어의 작동을 중단시키지 않는 한, 불안의 내용을 의식으로 데려오는 것은 불가능했다. 그녀 삶을 돌아보건대 이러한 조소와 비난이라는 방어 양식은 죽은 아버지와의 동일시로 설명할 수 있었다. 아버지는 자기 통제를 가르치기 위해 딸이 감정 폭발을 참지 못할 때마다 그녀를 비웃곤 했던 것이다. 딸을 진심으로 사랑했던 아버지는 이 방법을 습관적으로 사용했다. 이 사례를 이해하기 위해서는 우선 감정에 대한 방어를 분석하는 것이 필요했고, 이어서 전이 속의 저항을 명료화해야 했다. 그렇게 하고 난 이후에야 비로소 불안 자체 및 그 불안이 생겨난 상황에 대한 분석을 시작할 수 있었다.

기법의 관점에서, 특히 아동 분석에서 본능 및 감정에 대한 방어와 증상 형성 및 저항 사이에 존재하는 유사성은 아주 중요하다. 아동 분석 기법의 가장 명백한 약점은 바로 자유 연상이 부재하다는 사실이다. 자유 연상이 없는 분석은 아주 어렵다. 환자 본능의 관념적 표상이 자유 연상 속에 출현할 때를 통해서 환자 이드에 대한 것 대부분을 알게 되기 때문이다. 그러나 이드 충동에 대한 정보를 얻는 다른 수단이 있다. 아동의 꿈과 백일몽, 놀이 속에 드러나는 환상의 활동, 그리고 그림 등을 통해 성인의 경우에서보다 덜 가장되고 더 쉽게 다가갈 수 있는 형태로 아이의 이드가 지닌 성향들이 드러날 수 있다. 분석에서는 이러한 수단들이 자유 연상을 통해 이드 파생물들을 이끌어 내는 작업을 거의 완벽하게 대체할 수 있다. 그러나 자유 연상이라는 근본 원칙 없이 분석을 해나간다면, 이 원칙을 준수하는 것과 연관된 갈등 역시 사라진다. 그런데 성인 분석에서 우리는 이 갈등으로부터 자아 저항, 즉 이드 파생물에 대한 자아 방어 작용에 대한 정보를 얻는다. 따라서 아동 분석의 경우, 이드에 대해서는 풍성한 정보를 얻을 수 있는 반면 유아적 자아에 대해서는 빈약한 지식밖에 얻지 못하게 될 위험이 있다.

영국아동분석학파(멜라니 클라인, 1932)가 옹호하는 놀이 기법은 이러한 자유 연상의 부재를 직접적인 방식으로 보완한다. 이 분석가들은 아이의 놀이는 성인의 연상과 같은 가치를 지닌다고 주장하면서 연상을 해석하듯 놀이를 해석한다. 이때 연상의 자유로운 흐름은 놀이의 방해받지 않은 진행에 상응하며, 놀이의 방해나 금지는 자유 연상의 중단과 같다. 그리하여 이 논리를 따른다면, 놀이가 중단된 이유를 분석해 보면 그것이 자아 측의 방어 수단을 보여 줄 것이다. 자유 연상에 대한 저항을 분석할 때처럼 말이다.

만약 우리가 이론적 이유 때문에, 그러니까 예를 들어 위와 같이 상징 해석을 그 극단적 한계까지 밀어붙이는 것이 다소 주저된다는 이유로 자유 연상과 놀이 사이의 완전한 등치를 받아들일 수 없다면, 아동 분석에서 자아 탐색을 도울 수 있는 새로운 기법을 찾아내야만 한다. 그리고 나는 아이의 감정이 겪은 변형을 분석함으로써 이러한 틈을 메울 수 있을 것이라고 믿는다. 아이들의 감정생활은 성인에 비해서 더 투명하고 덜 복잡하다. 따라서 우리는 그들의 감정을 자극하는 것이 무엇인지 관찰할 수 있다. 그것이 분석 상황 안에 있든 밖에 있든 말이다. 어떤 아이가 사람들이 다른 아이에게 더 관심을 쏟는 것을 본다. 아이는 어쩔 수 없이 질투와 굴욕을 느낀다. 오랫동안 품어 왔던 소망이 이루어지면 기쁨을 느낀다. 벌 받을까 걱정할 때는 불안을 경험한다. 약속받고 기다리던 쾌락이 갑자기 거부되고 연기된다면, 당연히 실망을 느낀다. 우리는 아이들이 특정 상황에 대해 그에 부합하는 감정으로 정상적으로 반응할 것이라고 예상한다. 그러나 그와는 반대로 완전히 다른 모습을 보일 수도 있다. 예를 들어, 실망할 것을 예상했는데 완전히 무심한 듯 보인다. 혹은 굴욕을 느끼는 대신에 의기양양해지고, 질투를 보이는 대신에 극도로 자상한 행동을 한다. 이 모든 사례에서 정상 과정을 방해하는 무엇인가 일어 났다. 자아가 개입했고, 감정을 변형시킨 것이다. 감정에 대한 특정한 방어 형태—그것이 역전이든 전치든 아니면 완전한 억압이든 상관없다—를 분석하고 이를 의식으로 가져오는 작업은 아이의 자아가 채택한 특정 방어 수단에 대해서 가르쳐 준다. 그리고 이를 통해 우리는 저항을 분석할 때처럼 아이의 본능에 대한 태도 및 증상 형성의 특성을 추론할 수 있다. 따라서 아동 분석에 있어서 특별히 중요한 것은, 아이의 자발적 협조 여부나 그가 이야기하는 것이 진실이냐 아니면 거짓이냐 하는 문제는 감정 처리 과정을 관찰하는 것과 별개라는 사실이다. 아이의 감정은 의지에 반하여 스스로를 배반한다.

다음은 지금까지 이야기한 것의 실례다. 한 소년이 거세 불안을 느낄 때마다 발작적으로 군사 놀이에 몰두했다. 소년은 군복을 입고 장난감 칼과 다른 무기들로 무장하곤 했다. 이를 몇 번 관찰한 후에 나는 소년이 불안을 그 정반대 극으로, 다시 말해 공격성으로 바꾸고 있는 것은 아닐까 생각했다. 그 후로는 소년이 보이는 모든 발작적 공격 행동 배후에 거세 불안이 존재한다는 것을 어렵지 않게 추론할 수 있었다. 더 나아가, 소년에게 강박 신경증이 있다는 것을 알고도 그리 놀라지 않았는데, 그의 본능 속에는 불편한 충동을 그 반대 극으로 바꾸는 성향이 존재했던 것이다. 한 소녀는 실망할 법한 상황에서도 아무런 반응이 없었다. 오로지 입 안쪽이 약간 떨리는 것만 관찰되었다. 이 증상만이 불편한 정신 과정을 제거하고 이를 신체적 문제로 대체하는 자아 활동을 누설한 것이다. 이 사례에서 소녀가 본능과의 갈등에 대해 히스테리적으로 반응한다는 것을 발견하더라도 놀라지 않아야 한다. 여전히 잠재기에 있던 또 다른 소녀는 남동생의 남근에 대한 시기—그녀는 이것에 완전히 지배당하고 있었다—를 완벽하게 억압하는 데 성공했기에, 예외적이게도 심지어 분석 속에서도 그 흔적을 찾기란 쉽지 않았다. 분석가가 관찰할 수 있었던 것은 남동생을 질투하거나 시기할 때마다 소녀가 흥미로운 상상 게임을 시작한다는 것뿐이었다. 그 게임 속에서 소녀 자신은 마술사 역할을 맡았는데, 손짓만으로 온 세계에 영향을 미치고 모든 것을 변형시킬 수 있는 능력을 지니고 있었다. 이 아이는 시기를 그 반대 극으로, 그러니까 마술적 능력에 대한 과도한 집착으로 바꾸고 있었으며, 이를 통해 신체적 열등성에 대한 고통스러운 통찰을 회피하고 있었던 것이다. 그녀의 자아는 감정에 대한 일종의 반동 형성인 역전이라는 방어 기제를 사용하면서, 동시에 본능에 대한 강박적 태도를 무심코 드러내고 있었던 것이다. 일단 이를 깨닫고 나자 마술 게임이 다시 시작될 때마다 남근 선망의 존재를 유추해 내는 것은 그리 어렵지 않았다. 앞에서 볼 수 있듯 이러한 원칙을 적용함으로써 우리는 자아의 방어적 표현을 해석해 내는 기법 하나를 획득하는데, 이는 자유 연상에서 나타나는 자아 저항의 해소에 거의 정확하게 상응한다. 그리고 이때 우리의 목적 역시 저항을 분석할 때와 전혀 다르지 않다. 감정에 대한 저항과 방어를 의식으로 더 완전하게 데려올수록 이들은 더 무력해지고, 그만큼 빠르게 우리는 이드의 이해를 향해 나아갈 수 있는 것이다.

4장

# 방어 기제

## 정신 분석 이론과 방어 기제

앞선 세 장에서 내가 자유롭게 사용한 〈방어〉라는 용어는 정신 분석 이론 가장 초기의 역동적 관점을 보여 준다. 이 용어는 1894년 프로이트의 「방어의 신경 정신증」이라는 논문에서 최초로 등장했고, 이후 몇몇 논문(「스테리의 병인론」, 「방어의 정신신경증에 대한 추가 언급」)에서 고통스럽거나 견딜 수 없는 생각이나 감정에 대한 자아의 투쟁을 묘사하기 위해 사용되었다. 그 후 이 용어는 더 이상 쓰이지 않았고, 시간이 흐르고 나서는 〈억압〉이라는 용어로 대체되었다. 그러나 이 두 개념 사이의 관계는 여전히 불확실하다. 「억압, 증상, 그리고 불안」(1926)의 한 주석에서 프로이트는 방어라는 오래된 개념으로 되돌아가면서 이 용어를 다시 사용하는 것이 의심할 여지없이 도움이 될 것이라고 썼다. 〈만약 우리가 이 단어를 신경증을 일으킬 수 있는 갈등 상황에서 자아가 활용하는 모든 수단이라는 일반적 의미로 명시적으로 사용한다면 말이다. 그렇다면, 《억압》이라는 단어는 특수한 방어 방법에 한정하여 쓸 수 있을 터인데, 연구가 진행되면서 우리는 이에 대해 처음보다 더 많이 알게 되었다.〉 여기에서 우리는 억압이 정신 과정 속에서 독보적 위치를 차지한다는 생각을 직접적으로 반박하는 근거를 확인할 수 있으며, 같은 목적을 위해, 즉 〈본능적 욕구로부터 자아를 보호〉하기 위해 작용하는 다른 방어 기제들을 위한 자리가 마련되고 있음을 볼 수 있다. 억압은 그 중요성이 축소되어 이제 〈특수한 방어 방법〉 중 하나가 된 것이다.

억압의 역할에 대한 이러한 새로운 개념화는 다른 특수한 방어 양식들에 대한 연구뿐 아니라 지금까지 정신 분석 연구자들이 발견하고 서술한 방어 기제들 간의 비교 역시 필요하다는 것을 의미할 것이다.

「억압, 증상, 그리고 불안」에 덧붙인 주석의 같은 부분에서 프로이트가 내어놓은 추측은 내가 앞 장에서 언급한 것이기도 하다. 즉, 〈연구가 진행된다면 특정 방어 형태와 특정 질병 사이에 긴밀한 연관성이 있음이 증명될 것이다. 예를 들어 억압과 히스테리 사이의 관계처럼 말이다.〉 또한 프로이트는 퇴행과 이로 인한 자아의 변화(반동 형성), 격리, 저지른 일의 〈취소〉를 모두 강박 신경증에서 작동하는 방어 기법으로 언급하고 있다. 일단 시작했으니 프로이트가 다른 저작에서 서술한 자아의 방어 수단들을 모두 열거해 보는 것은 그리 어렵지 않을 것이다. 예를 들어, 「질투, 편집증, 그리고 동성애」(1922)에서 프로이트는 동성애라는 병적 감정을 느낄 때 자아가 동원하는 중요한 방어 수단으로 내사, 동일시, 투사를 언급했으며, 이들은 모두 〈신경증적 기제〉라는 특성이 있다고 서술했다. 또한 「본능 이론에 대한 논문」(1915)에서는 자기 향하기 및 역전 기제에 대해서 서술하면서, 이를 〈본능의 변천〉이라고 불렀다. 자아 관점에서 이 두 기제는 방어 수단에 속하는 것이 틀림없는데, 본능이 겪는 모든 변천의 근원은 자아 활동이기 때문이다. 자아 혹은 자아로 표상되는 외부 세력의 개입이 없다면 모든 본능은 단 하나의 운명만을 지닐 것이다. 즉 본능의 만족이 일어나는 것이다. 우리가 임상에서 매우 익숙할 뿐 아니라 이론적 정신 분석 저술에서 남김 없이 서술해 온 아홉 가지 방어 기제(퇴행, 억압, 반동 형성, 격리, 취소, 투사, 내사, 자기 향하기, 역전)에 우리는 열 번째 방어 기제를 더해 볼 수 있다. 이는 신경증 연구보다는 정상인 연구와 더 연관된 것으로서 바로 승화, 혹은 본능적 목표의 전치다.

　　현재까지 우리가 알고 있는 한, 자아는 본능적 표상 및 감정과의 갈등에 사용할 수 있는 이러한 서로 다른 열 가지 수단을 지니고 있다. 그리고 분석가의 임무는 자아 저항과 증상 형성 과정에서 이러한 방법들이 얼마나 효과적인가를 확인하는 것이다. 개인 속에서 이를 관찰할 수 있는 기회가 있기 때문이다.


### 실제 사례를 통한 서로 다른 기제 효과 비교


이제 아동 기관에서 일하고 있던 젊은 여인의 사례를 들어 보겠다. 위아래로 언니, 오빠와 동생들이 많았던 그녀는 어린 시절 내내 오빠나 남동생들과 연관된 강력한 남근 선망 및 질투에 시달렸다. 이 감정은 동생이 태어날 때마다 반복적으로 자극되었다. 그리고 마침내 시기와 질투는 결합하여 어머니에 대한 격렬한 적대심이 되었다. 그러나 사랑에 대한 집착이 그 증오만큼 강력했기에, 제멋대로 굴면서 부적절한 행동을 하는 것을 억제할 수 없었던 최초의 시기가 지난 후, 부정적 충동에 대한 격렬한 방어에서 기인한 갈등이 시작되었다. 그녀는 혹시 증오가 드러나서 어머니의 사랑을 잃지는 않을까 끔찍하게 두려워하였다. 어머니의 사랑을 빼앗기는 것을 도저히 견딜 수 없었던 것이다. 또한 어머니의 처벌이 무서웠으며, 금지된 복수의 소망에 대해 스스로를 그 누구보다 격심하게 비난했다. 잠재기에 들어서자 이러한 불안을 일으키는 상황 및 양심의 갈등이 점점 더 심각해졌고, 그녀의 자아는 다양한 방식으로 충동을 제어하려고 노력했다. 양가성이라는 문제를 해결하기 위해 그녀는 양가적 감정 중 한쪽을 외부로 전치시켰다. 어머니는 여전히 사랑 대상이었지만, 이제 그녀 삶에는 격렬하게 증오하는 두 번째로 중요한 여성이 항상 존재하게 되었다. 그리고 이는 문제를 쉽게 만들었다. 더 멀리 있는 대상에 대한 증오는 어머니에 대한 증오만큼 그렇게 무자비한 죄책감을 일으키지는 않았던 것이다. 그러나 이 같은 전치된 증오조차 여전히 많은 괴로움을 주었다. 시간이 흐르면서, 최초의 전치는 상황을 해결하는 데 적절치 못하다는 것이 명백해졌다.

이 어린 소녀의 자아는 이제 두 번째 기제에 의지했다. 지금까지 오로지 타인에게 향해 있었던 증오의 방향을 자신 안으로 돌렸던 것이다. 소녀는 자책과 열등감으로 스스로를 고문했고, 어린 시절로부터 청소년기를 거쳐 어른이 될 때까지 자신에게 손해가 되고 자신이 불리한 상황을 만들기 위해 할 수 있는 모든 일을 했다. 그리고 타인의 요구에 맞추기 위해 자신의 소망을 항상 포기했다. 이러한 방어 방식을 쓰기 시작한 이후로 그녀는 겉으로 보기엔 피학적인 사람이 된 것 같았다.

그러나 이 방법 역시 상황을 해결하는 데 적절치 못하다는 것이 드러났고, 환자는 이제 투사 기제를 쓰기 시작했다. 사랑 대상이 된 여성들 혹은 그 대체자들에게 느껴 왔던 증오가 이제 자기 자신이 미움 받고 있고, 무시당하고 있으며, 박해받고 있다는 확신으로 바뀌었다. 그녀의 자아는 이를 통해 죄책감을 피해 쉴 수 있었다. 주변 사람들에게 나쁜 감정을 품었던 못된 아이가 변신하여 학대와 방임 그리고 박해의 희생자가 되었던 것이다. 그러나 이러한 방어 기제 때문에 그녀는 편집적 성향을 지속적으로 보이게 되었고, 이는 어릴 적뿐 아니라 성인이 되고 난 이후까지 아주 큰 어려움의 원천이 되었다.

분석을 시작했을 때 그녀는 이미 성인이 된 후였다. 그녀를 아는 사람들은 그녀에게 문제가 있다고 생각하지 않았으나, 정작 자신은 격렬한 고통을 느꼈다. 그녀의 자아는 방어를 위해 엄청난 에너지를 쏟아 부었으나 실제로 불안과 죄책감을 통제하는 데 성공하지는 못했다. 시기와 질투 그리고 증오가 활성화될 것 같을 때마다 그녀는 자신의 모든 방어 기제들을 동원하지 않을 수 없었다. 그러나 감정적 갈등은 결코 해결되지 않았기에 자아 역시 쉬지 못했고, 이 모든 투쟁은 최종적으로 극단적인 메마름을 야기했을 뿐이었다. 그녀는 어머니를 사랑한다는 허구를 유지하는 것에는 성공하였으나 자신이 증오로 가득하다고 느꼈으며,

이 때문에 스스로를 혐오하고 불신했다. 또한 사랑받는다는 느낌을 지켜 낼 수도 없었는데, 이는 투사 기제를 통해서 파괴되어 버렸던 것이다. 그녀는 어릴 적 두려워했던 처벌을 피하지도 못했다. 공격적 충동을 내부로 돌림으로써 스스로에게 수많은 고통을 가했던 것 — 이전에 어머니가 줄 것이라고 상상했던 처벌의 형태다 — 이다. 그녀가 사용했던 방어 기제 세 가지는 자아가 끊임없이 지속되는 불편한 긴장과 예민함의 상태에서 자아가 벗어나는 것을 돕지 못하였고, 자아에 가해지는 과도한 요구들과 자아를 괴롭히는 격렬한 고통으로부터 벗어나게 해주지도 못했다.

이제 이 환자 사례를 히스테리나 강박 신경증의 경우와 비교해 보자. 일단 각 사례에서 문제 — 남근 선망에서 기인하는 어머니에 대한 증오를 어떻게 조절할 것인가 — 가 동일하다고 가정하자. 히스테리는 이를 억압을 통해서 해결한다. 어머니에 대한 증오를 의식에서 말소하고 자아 속으로 진입을 시도하는 연관된 파생물들 또한 적극적으로 회피하는 것이다. 환자에게 전환을 일으키는 능력이 있고 몸 또한 적당한 상태라면 증오와 연관된 공격적 충동 및 남근 선망과 연관된 성적 충동은 신체 증상으로 변형될지도 모른다. 다른 경우에 자아는 공포증을 일으켜 문제 자체를 회피함으로써 원래 갈등이 재활성화되는 것을 피한다. 이때 자아는 스스로의 활동을 제한하면서, 이를 통해서 억압된 충동이 되돌아올 수 있는 모든 상황을 교묘히 빠져나간다.

강박 신경증의 경우, 어머니에 대한 증오와 남근 선망은 히스테리처럼 처음에는 억압된다. 그 후에 자아는 반동형성이라는 수단을 통해 그것들이 돌아오지 못하도록 막는다. 어머니에게 공격적이었던 아이는 이제 과도하게 착해지면서 어머니의 안전을 염려한다. 시기와 질투가 타인에 대한 이타심과 사려 깊음으로 변형된 것이다. 강박적 의식(儀式)을 구축하고 다양한 예방 조치를 취함으로써 아이는 공격적 충동의 폭발로부터 사랑하는 사람을 보호한다. 또한 지나치게 엄격한 도덕률을 통해서 성적 충동이 드러나지 못하도록 막는다.

처음에 이야기했던 사례보다 유아적 갈등을 히스테리나 강박적 방식으로 통제하는 위와 같은 방식이 더 병리적이다. 억압이 일어나면 아이는 감정생활의 일부를 통제하지 못하게 된다. 어머니 및 형제들과의 본래 관계 및 자신의 여성성과의 중요한 관계를 더 이상 의식적으로 통합할 수 없다. 그리고 이 관계들은 자아에 의해 반동적으로 변형된 상태로 돌이킬 수 없이 강박적으로 고착된다. 그 결과 억압 상태를 유지하기 위해 자아 활동의 대부분이 이 역투여를 유지하는 데 소모된다. 자아의 다른 필수적 활동들이 억제되고 줄어드는 것을 통해 이러한 에너지 상실은 뚜렷하게 드러난다. 그러나 갈등을 억압이라는 수단을 통해서 해결한 아이의 자아는 그 모든 병리적 후유증에도 불구하고 평화를 느낀다. 물론 억압이 일으킨 신경증으로 인해 자아는 이차적으로 고통을 받는다. 그러나 최소한 전환 히스테리나 강박 신경증의 경우, 자아는 이를 통해 자신의 불안을 동여매고, 죄책감을 처리하고, 자아의 징벌에 대한 소망을 충족시킨다. 차이점은 자아가 억압을 동원하는 경우 증상 형성을 통해 갈등을 조절해야 한다는 숙제가 사라지는 반면, 다른 방어 수단을 사용한다면 이 문제가 여전히 남는다는 사실이다.

실제 임상에서 억압이 다른 방어 수단과 분명하게 구분되는 경우는 흔치 않다. 오히려 한 사람이 억압 및 다른 방어 수단들을 동시에 사용하곤 한다. 이는 아주 어릴 적부터 격렬한 남근 선망 — 이번에는 아버지와의 관계 속에서 발생한 것이다 — 에 시달린 한 환자 사례에서 잘 드러난다. 당시에 성적 환상은 아버지의 남근을 물어뜯어 버리고 싶다는 소망 속에서 그 절정에 이르렀다. 이 시점에서 자아는 방어를 구축했다. 이 충격적 관념은 억압되었고 정반대의 것 — 별로 먹고 싶은 게 없다 — 으로 대체되었다. 금세 환자는 아무것도 먹을 수 없게 되었고, 이는 메스꺼움이라는 히스테리적 감각을 동반했다. 구강적 환상으로 드러난 금지된 충동의 일부가 이렇게 제어된 것이다. 그러나 공격적 내용물, 즉 아버지 혹은 아버지의 대체물을 훔쳐 내고 싶다는 소망은 초자아가 발달하고 자아의 도덕 감각이 이 충동을 거부할 때까지 의식에 조금 더 남아 있었다. 그리고 앞으로 충분히 더 논의할 계획인 전치라는 기제를 통하여 훔치고 싶은 충동은 어떤 독특한 유형의 만족감 혹은 겸손함으로 변형되었다. 여기에서 우리는 두 방어 기제가 연속적으로 사용됨으로써 히스테리가 발달하는 토대가 만들어지고, 거기에 자아가 그 자체가 병리적인 것은 아닌 특정한 변형을 일으키는 것을 본다.

다른 사례에서 다른 방어 기제들이 일으키는 효과를 자세히 검토해 볼 때 이는 더 확실해진다. 이론적으로 억압은 일반적 방어 개념 속에 포함되고, 그렇게 다른 방어 기제들과 나란히 놓일 수 있을 것이다. 그럼에도 불구하고 그 효율성 측면에서 억압은 유일무이한 자리를 차지한다. 또한 양의 측면에서도 다른 기제들보다 더 많은 것을 성취한다. 다시 말해서 다른 방어 수단들이 제어하는 데 실패한 강력한 본능적 충동을 통제할 수 있는 능력을 지니고 있는 것이다. 억압은 단 한 번 작용한다. 물론 이 억압을 유지하기 위한 역투여는 꾸준하게 에너지를 쏟아 부어야 하는 영구적 조직이지만 말이다. 반면 다른 방어 기제들은 본능적 에너지가 접근할 때마다 매번 새롭게 작동해야 한다. 그러나 억압은 가장 효율적인 기제일 뿐 아니라 가장 위험한 기제이기도 하다. 의식으로부터 본능과 감정생활 전부가 완전히 철수함으로써 일어나는 자아로부터의 해리는 인격의 통합성을 영원히 파괴해 버릴 수 있다. 따라서 억압은 타협 형성 및 신경증의 기반이 된다. 물론 다른 방어 기제들이 일으키는 결과들이 억압의 경우보다 덜 심각한 것은 아니다. 그러나 격렬하게 일어나고 있을 때조차 이 기제들은 정상의 경계 내에 더 많이 남아있다. 이들은 수없이 많은 자아의 변형과 왜곡과 결함 속에서 그 모습을 드러내면서, 한편으로는 신경증에 동반되고 다른 한 편으로는 신경증을 대체한다.

### 연대적 분류를 위한 제안

자아가 지닌 방어 수단 중 억압에게 예외적인 지위를 부여했음에도 불구하고, 여전히 우리는 다른 방어 기제들 역시 하나의 표제 아래 여러 이질적인 현상들을 모아 놓은 것 같다는 느낌을 지울 수 없다. 격리나 취소와 같은 기제들이 퇴행, 역전, 자기 향하기와 같은 정말로 본능적인 과정들과 나란히 모여 있는 것이다. 이 기제들 중 어떤 것들은 많은 양의 본능 혹은 감정을 조절하나, 다른 기제들은 매우 적은 양만 다룰 수 있다. 또한 자아가 방어 기제를 선택할 때 무엇을 고려하는가 하는 문제도 아직 불확실하다. 아마도 억압은 성적 소망과의 전투에서 탁월한 능력을 발휘할 것이나, 다른 기제들은 다른 유형의 본능 세력들, 특히 공격적 충동에 대항할 때 더 쉽게 동원될 수 있을 것이다. 혹은 이러한 방어 기제들은 오로지 억압이 처리하지 못하고 남겨둔 것을 마무리하는 역할만을 하거나, 그것이 아니라면 억압이 실패할 때 의식으로 되돌아오는 금지된 생각들을 처리하기만 하는지도 모른다.[4] 어쩌면 각각의 방어 기제는 애초에 특정한 본능적 충동을 조절하기 위해서 발달했고, 따라서 유아 발달의 특정 단계와 연관되어 있을 수도 있다.[5]

이미 한 차례 이상 인용한 「억제, 증상 그리고 불안」의 주석에서 프로이트는 이러한 가설에 대한 잠정적 답변을 내놓고 있다. 〈자아와 이드가 완전히 나뉘고 초자아가 형성되기 전부터, 정신 기관은 정신 조직이 도달한 각 단계가 동원할 수 있는 여러 방어 기제들을 활용할 것이다.〉 그리고 이는 다음처럼 확장해서 사고해 볼 수 있다. 억압은 의식적 자아에 어떤 생각이나 감정이 접근하지 못하게 저지

---

**4** 나는 여기에서 빈 학회의 토론에서 제기된 잔 람플 더 흐로트의 논의를 따르고 있다.
**5** 헬레나 도이치의 제안이다.

하는 것이다. 혹은 의식적 자아로부터 이를 축출하는 것이다. 따라서 자아와 이드가 융합되어 있을 때 억압에 대해서 이야기하는 것은 무의미하다. 비슷하게 투사와 내사가 일어나기 위해서는 그전에 자아와 외부 세계 사이에 분화가 일어나야 한다고 가정해 볼 수 있다. 자아가 자신과 세계를 구분할 수 있게 된 이후에야 어떤 생각이나 감정을 자아에서 축출하고 이를 바깥 세계로 추방하는 것이 안도를 줄 수 있는 것이다. 같은 맥락에서 외부 세계로부터 자아로의 내사는 나에게 속한 것과 타인에게 속한 것이 이미 구분되어 있지 않다면 자아를 풍성하게 하는 효과를 낼 수 없을 것이다. 그러나 상황은 결코 간단치 않다. 투사와 내사의 경우 그 첫 시작은 훨씬 더 모호하다.[6] 또 승화가 일어나기 위해서는, 다시 말해서 본능적 목표를 전치하여 더 고차적인 사회적 가치와 조화시키기 위해서는 우선 그 가치를 받아들여야 하며, 그게 아니더라도 적어도 그러한 가치가 존재한다는 것을 알고 있어야 한다. 즉, 초자아의 존재를 전제로 하는 것이다. 따라서 억압이나 승화와 같은 방어 기제는 상대적으로 발달 과정 후기가 되어서야 동원될 수 있을 것이다. 한편 투사와 내사를 어느 시기에 넣는 것이 적절한가

---

**6** 「토템과 터부」, 프로이트(1913). 또한 내가 이 책 72~73쪽에서 언급하는 영국학파의 관점과 비교해 보라.

하는 문제는 이론적 입장에 따라서 다를 수 있지만, 퇴행, 역전, 자기 향하기와 같은 기제는 정신 구조가 어느 단계에 이르렀느냐 하는 문제와는 상관이 없을 것이다. 아마도 본능 그 자체만큼, 아니면 최소한 본능적 충동과 그 충동이 만족을 추구하는 과정에서 마주치게 되는 방해물 사이의 갈등만큼 오래되었을 것이기 때문이다. 따라서 이 기제들이 자아가 동원하는 가장 초기의 방어 기제라는 것이 밝혀지더라도 놀라서는 안 된다.

그러나 위와 같은 연대적 분류는 우리가 어린아이에게서 관찰할 수 있는 신경증의 가장 초기 표현이 바로 히스테리 증상 — 이는 의심할 여지없이 억압과 연관되어 있다 — 이라는 기존 경험에 부합하지 않는다. 반면 본능의 방향을 자기 자신으로 돌림으로써 유발되는 진정한 피학증 현상은 초기 유아기에는 거의 관찰되지 않는다. 우리 관점에서 내사와 투사는 자아가 외부 세계로부터 분화된 이후에 동원되는 기제인데 반해, 영국학파 이론에서는 바로 이 기제를 통해서 자아 조직이 발달하며, 따라서 이때 분화는 전혀 일어나지 않은 상태다. 이러한 의견 차이가 보여주듯, 정신 과정의 연대학은 여전히 분석 이론의 가장 모호한 영역 중 하나다. 그리고 이는 초자아가 실제로 언제 형성되는가하는 논쟁적 문제를 통해서도 확인할 수 있다. 그러므로 방어 기제의 시기적 분류는 모든 의심과 불확실성을 떠안을 수밖에 없는 상태며, 이는 심지어 현재도 그러하다. 그러므로 이를 연대적으로 분류하려는 시도를 포기하고, 그 대신 방어 반응이라고 불리는 상황에 대해서 자세하게 살펴보는 것이 아마도 최선일 것이다.

5장

# 불안 및 위험의 원천에 따른
# 방어 작용의 적응

자아가 방어하는 본능적 위협은 항상 변치 않는다. 그러나 특정 본능의 침입이 위험하다고 느껴지는 이유는 다양할 것이다.

## 본능에 대한 방어의 동기

### 성인 신경증에서 초자아 불안

우리가 분석에서 가장 오랫동안 만나 왔고, 그만큼 가장 잘 알고 있는 다음과 같은 방어 상황은 성인 신경증의 기반이 된다. 즉, 어떤 본능적 소망이 의식으로 진입하여 자아의 도움으로 만족을 얻으려 한다. 자아는 굳이 이를 꺼리지 않으나 초자아는 이에 저항한다. 결국 자아는 고위 조직에 굴복하고 순순히 본능적 충동과 투쟁하기 시작한다. 그결과 많은 일들이 일어난다. 이러한 과정의 핵심적 특징은 바로 자아 자신은 〈현재〉 싸우고 있는 충동을 조금도 위험하게 생각하지 않는다는 것이다. 방어를 촉발하는 동기는 애초에 자아의 것이 아니다. 본능이 위험하게 느껴지는 이유는 초자아가 그 만족을 금지하기 때문이다. 본능이 그 목표를 달성하게 되면 분명 자아와 초자아 사이에 문제를 일으킬 것이기 때문이다. 따라서 성인 신경증 환자의 자아는 초자아를 두려워하기 때문에 본능을 두려워한다. 방어는 초자아 불안에 의해 그 동기가 부여되는 것이다.

본능에 대해 성인 신경증 환자가 구축한 방어에 주의를 기울이는 한, 우리는 초자아에게 가공할 만한 힘이 있다는 것을 인정해야 한다. 이러한 맥락에서 초자아는 모든 신경증의 원천인 것으로 보인다. 초자아는 자아가 본능을 우호적으로 이해하는 것을 방해하는 이간질쟁이다. 초자아는 이상적 기준을 세우고는 그에 따라 성을 금지하고 공격성은 반사회적이라고 선언한다. 그리고 어느 정도의 금욕과 공격성 제한을 요구하는데, 사실 이는 정신적 건강과 양립할 수 〈없는〉 것이다. 자아는 독립성을 완전히 박탈당하고 초자아의 소망을 실행하는 한낱 도구로 전락한다. 그 결과 자아는 본능에 적대적이게 되고 즐거움을 느낄 수 없게 된다. 성인 신경증을 통해서 드러나는 방어 상황에 대한 연구를 통해 우리는 초자아 분석이라는 치료 작업에 특별한 주의를 기울이게 되었다. 초자아가 지닌 힘을 감소시키고, 그 강도를 변형시키며, 몇몇이 주장하듯 심지어 이를 폐기한다면 다소간이나마 자아는 평안을 얻을 것이고 신경증적 갈등 또한 감소할 것이다. 이렇게 초자아를 모든 신경증적 악의 뿌리로 간주하는 사고는 신경증 예방에 대한 강력한 희망을 불러일으킨다. 만약 신경증이 강력한 초자아에 의해서 일어나는 것이라면, 아이를 키우는 사람들은 오로지 과도하게 엄격한 초자아를 형성시키지만 않으면 될 것이다. 항상 관대한 교육이 이루어지도록 신경써야 할 것인데, 이것이 나중에 초자아로 내면화되기 때문이다. 부모의 행동 — 초자아가 동일시 과정을 통해서 자신의 것으로 만든다 — 역시 실천이 거의 불가능한 과도하게 엄격한 도덕률을 취할 것이 아니라 자신의 진정한 인간적 약점을 드러내고 본능에 대한 관용적인 태도를 보여야 할 것이다. 또한 아이의 공격성이 외부 세계로 배출될 수 있는 통로가 있어야 할 것인데, 공격성이 가로막혀 안으로 향하게 되면 초자아가 잔혹해질 것이기 때문이다. 만약 이런 식의 교육에 성공한다면 그렇게 삶을 시작한 인간은 불안을 느끼지 않을 것이고, 신경증 또한 없을 것이며, 즐거움을 느낄 수 있고, 더 이상 내적 갈등으로 인해 분열되지 않을 것이다. 그러나 인간 삶에서 신경증을 뿌리 뽑으려는 희망[7]은 많은 교육자들에 의해 실제로는 망상에 불과한 것으로 밝혀졌으며, 이론적 관점에서도 우리가 분석적 연구에서 한 걸음 더 나아가자마자 이러한 희망은 산산이 부서져 버린다.

### 유아 신경증에서 객관적 불안

「유아 신경증에서 방어에 대한 연구」(프로이트, 1926)를 통해 우리는 신경증 형성 과정에 있어 초자아가 결코 필요 불가결한 요소가 아니라는 것을 알게 되었다. 성인 신경증 환자는 초자아와 갈등을 겪지 않기 위해서 자신의 성적 공격적 소망을 떨쳐 버리려고 시도한다. 어린아이들 역시 본능적 충동을 비슷한 방식으로 다루는데, 이는 부모의 금지를 어기지 않기 위해서다. 성인 자아처럼 어린아이의 자아도 자진해서 본능과 투쟁하지 않는다. 자아의 방어는 본능이 일으키는 느낌 때문에 일어나는 것이 아니다. 자아가 본능을 위험하다고 간주하는 이유는 자신을 키워 주는 사람이 그 만족을 금지했기 때문이며 본능의 침입이 필연적으로 제한과 징벌 혹은 처벌의 위협을 일으키기 때문이다. 거세 불안은 성인 신경증 환자에게 양심의 불안이 야기하는

---

**7** 이러한 관점 중에서 빌헬름 라이히의 이론이 가장 비타협적이다. 그러나 그의 의견에 동의하는 사람이 많다.

것과 같은 결과를 낳는다. 즉, 유아적 자아가 본능을 두려워하는 이유는 외부 세계가 두렵기 때문인 것이다. 자아의 본능에 대한 방어는 외부 세계에 대한 두려움, 즉 객관적 불안을 통해 동기가 부여된다.

성인에서 초자아 불안으로 인해 공포증, 강박 신경증, 히스테리 증상, 신경증적 성향이 일어나듯, 그와 똑같은 현상이 객관적 불안에 의해 유아적 자아에게 일어난다는 것을 우리는 알게 되었다. 그리고 이로 인해 초자아라는 조직이 지닌 힘에 대한 우리의 평가는 자연스럽게 하락하게 되었다. 우리가 초자아 때문이라고 생각했던 것이 사실은 단순히 불안 그 자체 때문이었다는 사실을 깨달았던 것이다. 신경증 형성에 있어 불안이 무엇과 연관되어 있는가 하는 문제는 그리 중요하지 〈않은〉 것으로 보인다. 그것이 외부 세계에 대한 두려움이든 아니면 초자아에 대한 두려움이든, 결정적으로 중요한 것은 방어 과정을 촉발시키는 것이 불안이라는 사실이다. 마침내 그 결과 의식에 진입하는 증상을 통해서는 자아 속의 어떤 불안이 이 증상을 유발했는지 판단할 수 없다.

우리가 이 두 번째 방어 상황 — 객관적 불안 때문에 본능을 방어하는 것에 대해서 연구해 본다면, 외부 세계가 어린아이에게 미치는 영향이 크다는 것을 발견할 것이고, 다시 한 번 효과적인 신경증 예방에 대한 희망을 품어 볼 수 있을 것이다. 현대 어린이들은 무익한 객관적 불안에 상당히 많이 시달리고 있다고들 한다. 그러나 아이들이 두려워하는 그 징벌 — 만약 본능을 만족시킨다면 받을지도 모른다 — 은 사실 현대 문명 수준에서는 시대에 뒤떨어진 것이다. 이제 더 이상 금지된 성적 탐닉에 대한 처벌로 거세를 하지 않으며, 또한 이 같은 훼손으로 공격적 행동을 처벌하지도 않는다. 그러나 동시에 아직도 우리의 교육 방식 속에는 오래전의 야만적 처벌 방식을 희미하게 닮은 어떤 것, 대물려 내려오는 어떤 잔재가 존재하고, 이는 거세에 대한 어렴풋한 염려와 두려움을 불러일으키기에 충분하다. 낙관주의자들은 이러한 거세 위협에 대한 막연한 암시 및 폭력적 수단 — 현대 훈육 방식 속에서 실제로 동원되고 있지는 않지만 최소한 어른들의 태도와 목소리에서 어렴풋하게 드러나고 있다 — 을 막을 수 있다는 입장이다. 이 관점을 지지하는 사람들은 현대 교육과 처벌에 대한 오래된 공포 사이의 관계가 결국에는 단절되기를 희망한다. 그렇게 된다면 분명 아이의 객관적 불안은 감소할 것이고 자아와 본능 사이의 관계에 급진적 변화가 일어날 것이다. 그리고 이는 유아 신경증의 기반을 이루는 많은 것들을 마침내 떨쳐 내는 것을 의미할 수 있을 것이다.

본능적 불안 (본능의 힘에 대한 공포)

그러나 앞에서도 그랬듯 정신 분석 경험은 효과적 예방이라는 전망을 무너뜨린다. 인간 자아는 그 본성상 본능의 구속 없는 만족을 위한 유망한 토양이 될 수 없다. 그러니까 자아가 본능에게 우호적일 수 있는 것은 본능이 본능으로 머무르는 한이며, 이드에서 약간 분화되어 나올 때까지인 것이다. 본능이 일차 과정에서 이차 과정으로, 쾌락 원칙에서 현실 원칙으로 나아간다면, 이미 서술했던 것처럼 이는 본능에게 낯선 영역이다. 본능의 요구에 대한 자아의 불신은 항상 존재하지만, 정상 상황에서라면 이는 거의 알아차리기 힘들 정도다. 초자아 및 외부 세계가 이드 충동에 대항하여 일으키는 자아 영역 속의 훨씬 더 떠들썩한 전투 때문에 시야에서 사라지기 때문이다. 그러나 만약 자아가 자신을 보호해 주던 고위 세력들에게 버림받았다고 느끼거나 본능적 충동의 요구가 지나치게 되면, 본능에 대한 자아의 무언의 적대심이 강화되면서 불안이 일어난다. 〈자아가 외부 및 리비도적 위험에서 정확하게 무엇을 두려워하는지 우리는 알지 못한다. 단지 아는 것은 그 공포가 압도되

---

**8** 「억제, 증상 그리고 불안」(1926)을 또한 참조하라. 여기에서 프로이트는 억압에서 초자아가 하는 역할을 과대평가하는 위험성에 대해서 경고하고 있으며, 과도한 자극과 같은 양적 요소의 중요성을 강조하고 있다.

고 멸절되는 것에 대한 것이며, 이를 분석적으로 파악하는 것이 불가능하다는 것뿐이다(프로이트, 1923).〉[8] 로베르트 밸더(1930)는 자아는 자신의 조직 전체가 파괴되거나 잠겨버릴까 봐 두려워한다고 썼다. 본능이 강할 때 자아가 경험하는 불안의 효과는 지금까지 서술해 온 초자아 불안이나 객관적 불안이 일으키는 효과와 다르지 않다. 본능에 대항해서 방어 기제가 작동하기 시작하고, 이는 비슷한 신경증 및 신경증적 특성들을 일으키는 것이다. 아동의 경우 이렇게 유발된 방어를 연구하는 최선의 방법은 분석적 입장에서 교육에 많은 노력을 기울이고, 치료 분석을 통해서 객관적 불안과 양심이 일으키는 불안을 제거 — 이들은 본능적 불안을 감추는 경향이 있다 — 하는 것이다. 아동기가 지난 후에는 본능적 에너지가 정신 조직의 균형을 뒤흔들려고 위협할 때 이러한 본능적 불안이 최대로 고조되는 것을 관찰할 수 있는데, 이는 생리적 변화가 일어나는 사춘기나 갱년기에 흔하고, 또한 정신증에서 주기적인 변화가 일어나기 시작할 때[9]에도 병리적 이유 때문에 유발될 수 있다.

9   이는 지금의 관점에서는 모호한 진술이다. 이 책이 쓰일 당시에는 아직 기분 장애와 정신 장애가 진단적으로 명확하게 구분되지 않았다. 따라서 지금은 기분 장애에만 적용되는 주기적 삽화 개념이 정신증에 적용되고 있다 — 옮긴이주.

## 본능 방어의 다른 동기들

본능에 대한 방어를 일으키는 앞의 세 가지 강력한 동기(초자아 불안, 객관적 불안, 본능의 힘에 따른 불안) 외에도, 성인기에 자아의 통합 욕구에서 솟아나는 동기를 추가할 수 있다. 성인 자아는 충동 간의 조화를 추구한다. 이로 인해 일련의 갈등이 발생하는데, 이에 대해서는 알렉산더(1933)가 충분히 설명한 적이 있다. 이는 동성애와 이성애, 수동성과 능동성 등과 같은 서로 반대되는 성향들 간의 갈등이다. 이 두 반대되는 충동 중에서 어느 것을 밀어내거나 받아들일 것인가, 그리고 이 둘 사이에서 어떤 타협을 일궈 낼 것인가 하는 문제는 투여되는 에너지의 양에 따라 매번 다르게 결정된다.

한편 우리가 지금까지 연구해 온 첫 두 가지 동기(초자아 불안과 객관적 불안)에는 공통된 원천이 있다. 만약 초자아나 외부 세계의 반대에도 불구하고 본능이 만족을 달성한다면, 그 결과 일차적으로는 쾌락을 느낄 것이나 이차적으로는 결국 불쾌를 느끼게 된다. 무의식에서 발산되는 죄책감이나 외부 세계에서 가해지는 처벌의 결과로서 말이다. 그러므로 이러한 두 동기 때문에 본능적 만족을 밀어낼 때, 방어는 현실 원칙에 따라 수행된다. 이때 방어의 주목적은 이차적 고통을 피하는 것이다.

## 감정 방어의 동기

본능에 대한 방어가 유발되는 것과 정확하게 똑같은 이유로 감정에 대한 방어가 일어난다. 앞에서 서술한 동기 중 하나 때문에 자아가 본능적 충동을 방어해 내려고 할 때마다, 이 본능 작용과 연관되어 있는 감정 또한 밀어내지 않을 수 없다. 이때 그 감정의 특성은 중요하지 않다. 이는 자아에게 쾌락이나 고통을 줄 수도 있고 위험할 수도 있지만, 이는 문제가 되지 않는다. 어차피 자아는 감정을 있는 그대로 경험하지 못하기 때문이다. 만약 어떤 감정이 금지된 본능 작용과 연관되어 있다면, 그 운명은 이미 결정된 것이다. 즉, 연관되어 있다는 사실만으로 자아는 이 감정을 경계하기 시작하는 것이다.

지금까지는 감정에 대해 방어하는 이유가 참으로 단순하게도 자아와 본능 사이의 갈등 때문이었다. 그러나 자아와 감정 사이에는 또 다른 더 원초적인 관계가 존재하며, 이에 상응하는 것을 자아와 본능 사이에서는 찾을 수 없다. 본능적 만족이란 항상 일차적으로 쾌락적이다. 그러나 감정은 그 특성에 따라 일차적으로 쾌락을 줄 수도 있지만 고통스러울 수도 있다. 만약 자아가 특정한 본능 작용에 반대할 이유가 없고 따라서 감정 역시 밀어내지 않는다면, 이 감정에 대한 자아의 태도는 온통 쾌락 원칙에 의해서 결정될 것이다. 즉 자아는 쾌락적인 감정을 받아들이고 고통스러운 감정에 대해서는 방어할 것이다. 실제로 본능을 억압하면서 이에 동반되는 감정에 대해 방어하기 위해 자아가 불안과 죄책감을 느끼게 될 때조차, 쾌락 원칙에 따른 선택이 이루어진 흔적을 찾아볼 수 있다. 또한 자아는 금지된 성적 충동과 연관된 감정이 고통이나 갈망 혹은 애도와 같은 괴로운 종류의 것일 때 이를 기꺼이 밀어낼 준비가 되어있다. 반면 그 감정이 긍정적인 경우 자아는 이를 금지하는 것에 저항할 지도 모르는데, 그 감정이 쾌락을 주기 때문이다. 혹은 이 감정들이 의식 속으로 갑자기 침입할 때 자아는 잠시 동안이나마 이를 묵인하기로 결심할 수도 있다.

　이러한 일차적으로 고통스러운 감정에 대한 단순한 방어는 외부 세계에서 자아에게 가해지는 일차적으로 고통스러운 자극에 대한 방어에 상응한다. 이후에 우리는 어린아이들이 오직 쾌락 원칙이 지배하는 이러한 원시적 형태의 방어에서 어린아이들이 동원하는 방법들 역시 그 성격상 더 원시적이라는 것을 보게 될 것이다.

### 실제 분석 속에서 결론의 검증

　이론 속에서였다면 힘들게 연관시키면서 끼워 맞추었

어야 했을 사실들이 실제 분석에서는 별 다른 어려움 없이 밝혀지고 증명될 수 있다. 분석이라는 수단을 통해서 방어를 뒤집어 볼 때마다 우리는 방어를 일으키는 데 관여한 서로 다른 요소들을 발견한다. 억압을 풀어내려 할 때 마주쳤던 저항의 강도를 통해 억압이 이루어지는 데 소모되었던 에너지의 양을 가늠해 볼 수 있다. 비슷하게, 본능적 충동에 대한 방어를 유발한 동기를 유추해 볼 수 있는데, 이 충동을 의식화시켰을 때 나타나는 환자의 마음 상태를 확인함으로써 가능하다. 만약 우리가 초자아의 요청으로 구축된 신경증적 방어를 원상으로 되돌린다면, 환자는 죄책감을 느낄 것이다. 다시 말해서 초자아 불안을 경험할 것이다. 반면 방어가 외부 세계의 압력 때문에 세워졌다면, 객관적 불안을 느낄 것이다. 아동 분석에서 밀쳐놓았던 고통스러운 감정이 되살아난다면 아이는 자아를 방어 수단에 기대게 했던 것만큼의 강렬한 불쾌를 경험할 것이다. 마지막으로, 환자가 본능의 힘에 대한 두려움 때문에 구축해 놓은 방어에 우리가 개입한다면, 자아가 피하고자 했던 바로 그 사태가 일어날 것이다. 즉, 지금까지 억제되어 왔던 이드 파생물들이 자아의 영토 속으로 밀고 들어오지만, 거의 아무런 저항도 받지 않을 것이다.

## 정신 분석 치료와 관련한 고찰

이러한 방어 과정에 대한 연구를 통해 우리는 분석 치료에서 무엇에 집중해야 하는가 하는 문제에 대한 아주 명확한 개념을 얻을 수 있다. 분석 속에서는 방어 과정이 역전되고, 지금까지 회피되어 왔던 본능적 충동 혹은 감정이 다시 의식으로 밀고 들어올 수 있는 통로가 열린다. 그리하여 이제 자아와 초자아에게는 좀 더 나은 기반을 얻은 이 충동 혹은 감정과 타협해야 한다는 과제가 남는다. 본능에 대한 방어의 동기가 초자아 불안 때문일 때, 정신적 갈등이 해소될 전망은 가장 밝다. 이 경우 갈등은 진정으로 정신 내적이며, 따라서 서로 다른 정신 조직 간의 화해 역시 도출될 수 있기 때문이다. 특히 자신이 기반하고 있고 또한 공격성을 끌어 왔던 실시 대상에 대한 분석을 통해 초자아가 조금 더 이성적이 되었을 때 전망은 가장 밝다. 이 경우 초자아에 대한 두려움이 감소하고, 따라서 병리적 결과를 야기하는 방어 수단에 기댈 필요가 사라지기 때문이다.

그러나 유아 신경증에서는 그 방어의 동기가 객관적 불안 때문일 때조차, 분석 치료의 전망은 밝다. 가장 단순한 — 그리고 분석 원칙과는 가장 멀리 떨어진 — 방법은 분석가가 일단 아이 마음속에서 방어 과정을 역전시키고, 그 후에 현실 — 아이 양육과 연관된 — 자체에 영향을 미치려고 시도하는 것이다. 그렇게 객관적 불안이 감소하면, 결과적으로 자아는 본능에 대해서 이전보다 온건한 태도를 취하게 되고, 그만큼 본능을 밀어내기 위해 많은 노력을 쏟을 필요도 없어진다. 어떨 때에는 방어를 일으켰던 다양한 불안들이 사실 이제는 오래전 일이 된 실제 상황 때문이었다는 것을 분석을 통해 보여 줄 수도 있다. 그렇게 되면 자아는 더 이상 두려워하지 않아도 된다는 것을 깨닫는다. 혹은 객관적 불안처럼 보였던 것의 원천이 사실은 현실에 대한 과장되고, 조잡하며, 왜곡된 관념에 불과하고, 이는 실제로 있었던 일이기는 하지만 더 이상 실재하지 않는 아주 오래전 상황에 근거하고 있음을 증명할 수도 있다. 분석은 이러한 〈객관적 불안〉의 가면을 벗기고, 이것이 방어할 가치가 없는 환상의 산물임을 보여 준다.

자아가 불쾌를 피하기 위해 어떤 감정에 대해 방어 수단을 동원하고 있을 때, 이 방어를 영구적으로 제거하려 한다면 분석 이상의 것이 필요하다. 아이는 방어 기제에 바로 의지하지 않고 점점 더 많은 양의 불쾌를 견디는 법을 배워야 한다. 그러나 우리는 이론적으로 이를 배우는 것은 분석이 아니라 교육을 통해서 이루어진다는 것을 인정해야 한다.[10] 분석에 잘 반응하지 않는 유일한 병리적 상태는 본능

10  클라인학파에 대한 비판이 드러나는 문장이다. 클라인은 이른 시기의 전

이 지닌 힘에 대한 두려움 때문에 방어가 유발된 경우다. 그런 경우 자아의 방어 수단을 없앨 수는 있지만 자아가 본능을 다루어 내는 것을 즉시 돕지 못할 수 있다는 위험이 존재한다. 분석에서 우리는 이드 충동을 의식으로 받아들이기를 거부하는 환자들에게, 일단 의식화하면 그것이 무의식적일 때보다 덜 위험할 뿐 아니라 이를 더 잘 제어할 수 있다는 이야기로 환자들을 안심시키곤 한다. 이러한 약속이 거짓이 될 수 있는 유일한 상황이 바로 본능에 대한 두려움 때문에 방어가 일어나는 경우다. 이드 속으로 잠겨 들지 않으려는 자아의 이런 무서운 투쟁 ─ 예를 들어 정신증이 주기적으로 재발하며 악화될 때 ─ 은 근본적으로 양적 관계의 문제다. 그러한 갈등 속에서 자아가 원하는 것은 오로지 자신을 강화하는 것이다. 무의식적 이드 내용물을 의식으로 데려옴으로써 자아를 강화시킬 수 있는 한, 분석은 치료적 효과가 있다. 그러나 자아의 무의식적 활동을 의식으로 데려오는 것이 방어 과정을 노출시키고 이를 무력화시키는 결과를 야기할 때, 분석은 자아를 약화시키고 병리 과정을 악화시키는 결과를 낳는다.

이 분석을 주장했던 반면, 안나 프로이트는 자아가 어느 정도 형성될 때까지 분석을 미룰 필요가 있다고 생각했다 ─ 옮긴이주.

2부

# 객관적 불쾌 및 객관적 위험의 회피 사례:

예비적 방어 단계

# 6장
# 환상에서의 부인

정신 분석이 지금까지 발견한 방어법들은 모두 단 한 가지 목적에 봉사한다. 즉, 자아가 본능 생활과 투쟁하는 것을 돕는다. 그리고 이 방어 방법들은 자아가 노출되는 세 가지 주요 유형의 불안 ― 본능적 불안, 객관적 불안, 양심의 불안 ― 에 의해 유발된다. 또한, 서로 갈등하는 충동들 간의 다툼만으로도 방어 기제 작동이 시작되는 데 충분하다.

방어라는 문제에 대한 정신 분석적 탐구는 다음과 같은 순서로 발달하였다. 우선 이드와 자아 조직 사이의 갈등(히스테리나 강박 신경증 등의 예에서처럼)에서 시작하였고, 다음으로 자아와 초자아 사이의 다툼(우울증의 경우)을 다루었으며, 마침내 자아와 외부 세계 사이의 갈등에 대한 연구(예를 들어 〈억제, 증상 그리고 불안〉에서 논의되었던 유아의 동물 공포증)로 나아갔다. 이 모든 갈등 상황에서 자아는 이드의 일부를 거부하려 한다. 따라서 방어를 구축하는 조직 및 이 조직이 밀쳐내려 하는 침입 세력은 항상 그대로다. 자아가 방어 수단에 의지하게 압박하는 동기가 변할 뿐이다. 궁극적으로 이 모든 방어 수단들은 자아를 안전하게 지키고, 불쾌로부터 자아를 보호하기 위해 고안되었다.

그러나 자아는 내부에서 발생하는 불쾌에 대해서만 스스로를 방어하는 것이 아니다. 내부의 위험한 본능적 자극에 접하는 바로 그 이른 시기에 〈자아〉는 또한 외부 세계에서 유래한 불쾌를 경험한다. 자아는 외부 세계와 밀접하게 접촉하고 있다. 외부 세계는 사랑 대상을 제공한다. 또 지각으로 등록되고 지성으로 흡수되는 인상들 역시 이 외부 세계에서 유래하는 것이다. 쾌락과 관심의 원천으로서 외부 세계의 중요성이 크면 클수록 이로부터 불쾌를 경험할 가능성 또한 늘어난다. 어린아이의 자아는 아직 쾌락 원칙에 따라 살고 있다. 훈련을 통해 불쾌를 견딜 수 있게 되려면 아직 한참 시간이 지나야 한다. 이 시기 동안 개인은 외부 세계에 능동적으로 저항하고, 육체적 힘으로 스스로를 방어하며, 자신의 의지에 맞춰 외부 세계를 변형시키기에는 아직 너무 허약하다. 원칙적으로 아동은 위험 상황에서 도망치기에는 육체적으로 너무 무력하며, 이해력 역시 한정되어 있어 이성적으로 상황의 불가피성을 이해하고 이를 납득하지도 못한다. 이러한 미성숙하고 의존적인 시기에 자아는 본능적 자극을 통제하려고 시도할 뿐 아니라, 가능한 모든 방법을 동원하여 자신을 위협하는 객관적 불쾌와 위험으로부터 스스로를 방어하려 한다.

정신 분석 이론이 신경증 연구에 기반하고 있기 때문에, 당연하게도 분석적 관찰 역시 일차적으로 본능과 자아 사이의 다툼—신경증 증상이 유래하는—에 시종일관 초점을 맞춰 왔다. 그리고 외부에서 받는 인상에 직접적으로 저항함으로써 불쾌를 피하려는 유아적 자아의 노력은 정상 심리의 영역에 속한다. 이는 자아 형성 및 성격 형성에 중요한 영향을 미칠 테지만, 병리를 유발하지는 않는 것이다. 그러므로 이 특정한 자아 기능이 임상적 분석 저작들 속에서 언급될 때, 이는 결코 탐구의 중심 대상으로 다루어진 적이 없으며 단순히 관찰의 부산물로 취급되었다.

이제 꼬마 한스의 동물 공포증으로 돌아가 보자. 이 사례에서 우리는 내부와 외부 각각에 대항해서 이루어지는 동시적 방어 과정을 볼 수 있다. 이 어린 소년의 신경증은 오이디푸스 콤플렉스와 아주 정상적으로 연관되어 있는 충동에 기반하고 있다고들 이야기되어 왔다.[11] 한스는 어머니를 사랑했고 질투 때문에 아버지에게 공격적인 태도를

---

11 「억제, 증상 그리고 불안」(1926)을 보라.

취했으나, 이는 이차적으로 자신을 향한 아버지의 따스한 사랑과 갈등을 빚게 되었다. 이러한 공격적 충동이 한스의 거세 불안 —이를 한스는 객관적 불안으로 경험했다— 을 유발했고 그로 인해 다양한 방어 기제들이 작동하기 시작했다. 한스의 신경증이 동원한 방법은 〈전치〉—아버지로부터 불안을 일으키는 동물로— 와 〈역전〉—자신의 위협을 아버지의 위협으로— 이었다. 다시 말해서 한스는 역전을 통해 아버지를 위협하는 것을 아버지에 의해서 위협당하지는 않을까 하는 불안으로 변형시켰다. 그리고 마지막으로 실제 상황의 왜곡을 마무리 짓기 위해 구강적 수준으로의 〈퇴행〉—물릴지도 모른다는 생각—이 일어났다. 동원된 기제들은 본능적 충동을 밀쳐 낸다는 목표를 완벽하게 수행했다. 어머니에 대한 금지된 리비도적 사랑 및 아버지에 대한 위험한 공격성이 의식으로부터 사라졌다. 아버지와 연관된 한스의 거세 불안은 말을 두려워하는 증상과 결부되었으나, 공포증 기제를 따라 신경증적 억제를 통해서 불안 발작이 회피되었다. 꼬마 한스는 집 밖으로 나가는 것을 포기했던 것이다.

꼬마 한스의 분석에서 이러한 방어 기제들은 역전되어야만 했다. 본능적 충동들은 왜곡에서 풀려났고, 불안은 말에 대한 관념에서 분리되어 실제 대상, 즉 아버지에게로 되돌아갔다. 이에 대해서 논의한 이후 불안은 경감되었고 이 불안에 객관적 근거가 없다는 사실이 드러났다. 어머니에 대한 따뜻한 애착이 되살아났고 이는 의식적 행동으로 표현되기 시작했다. 거세 불안이 사라지면서 어머니에 대한 감정은 더 이상 위험하지 않았던 것이다. 또한 불안을 떨쳐 버렸기 때문에 퇴행할 필요도 없었고 한스는 다시 한 번 리비도 발달에 있어 남근적 수준에 도달할 수 있었다. 아이의 신경증은 치료되었다.

본능에 대한 방어 과정의 변천에 대해서는 이 정도만 이야기하기로 하자.

그러나 분석적 해석을 통해 꼬마 한스의 본능 생활이 정상 흐름을 재개하였음에도 불구하고, 그의 정신 작용은 당분간 혼란 속에 있었다. 그는 여전히 두 가지 객관적 사실에 끊임없이 직면해야 했는데, 이를 받아들이는 것은 불가능했다. 그의 몸(특히 음경)은 당연하게도 아버지보다 작았고, 따라서 아버지의 몸은 전과 마찬가지로 두드러지는 경쟁 상대였다. 그리고 그는 언젠가 자신이 아버지를 이겨 볼 것이라 희망할 수도 없었다. 따라서 시기와 질투가 일어날 만한 객관적 이유는 여전히 남아 있었던 것이다. 나아가 이 시기와 질투는 어머니와 여동생에게도 뻗쳤다. 그는 그들을 시기했다. 어머니가 아기의 신체적 욕구를 돌보아 줄 때면 둘은 같은 쾌락을 공유했지만, 그 자신은 단순한 구경꾼에 불과했던 것이다. 다섯 살 아이가 이러한 객관적 좌절 상황을 순순히 체념할 만큼의 의식과 이성적 통찰을 지니고 있으리라고는 기대할 수 없을 터다. 또한 아이는 아주 먼 미래에 언젠가 자신의 욕구도 만족될 것이라는 약속으로 스스로를 달랠 수도 없을 것이고, 다소라도 이러한 불쾌를 받아들일 수도 없을 것이다. 물론 자신의 유아적 본능의 현실을 의식적으로 인식하고 이를 수용하기도 힘들 테고 말이다.

「다섯 살배기 꼬마 한스의 공포증 분석」(1919)에서 꼬마 한스의 과거력을 자세히 들여다보면, 이러한 두 가지 객관적 좌절이 사실 서로 완전히 다른 결과를 야기했다는 것을 알 수 있다. 분석이 끝날 즈음에 한스는 두 가지 백일몽을 서로 연결시켰다. 그 하나는 자신이 보살피면서 욕실에서 씻겨 주는 여러 명의 아이들에 대한 환상이었고, 이 이야기 직후에는 자신의 엉덩이와 음경을 떼어 내고 더 크고 좋은 것을 달아 주려 하는 배관공에 대한 환상을 이야기했다. 분석가(한스의 아버지)는 여기에서 현실에서 한 번도 실현되지 못했던 두 소망의 실현을 쉽게 인식할 수 있었다. 한스는 이제 ─ 최소한 상상 속에서 ─ 아버지 것 같은 성기를 가지게 되었고 또한 어머니와 여동생이 한 일을 같이 할 수 있는 아이들이 생겼던 것이다.

심지어 이 환상을 만들어 내기 전부터 이미 광장 공포증은 사라진 상태였으며, 이러한 새로운 정신적 성취 이후에 꼬마 한스는 마침내 평온한 기분을 회복했다. 신경증이 본능적 충동과의 타협을 가능케 했듯 환상은 그가 현실과 화해하는 것을 도와주었다. 여기에서 피할 수 없는 현실에 대한 의식적 통찰이 아무런 도움이 되지 못하였다는 것에 주목하자. 한스는 〈환상이라는 수단을 통해서 현실을 부인했다〉. 그는 자신의 목적에 맞추고 소망을 실현하기 위해서 현실을 변형시켰고, 그러고 난 이후에야 비로소 현실을 받아들일 수 있었다.

꼬마 한스의 분석에서 드러난 방어 과정을 연구하다 보면 한스가 공격성과 불안을 아버지로부터 말로 전치하는 순간, 신경증의 운명이 결정되어 버렸다는 생각이 들지도 모른다. 그러나 이러한 인상은 기만적이다. 이같이 인간 대상을 동물로 대체하는 것은 그 자체만으로는 신경증적 과정이 아니다. 이는 아동의 정상 발달 속에서 자주 일어나는 일이며, 실제로 일어나게 되면 그 결과는 아주 다양하다.

예를 들어, 내가 분석했던 일곱 살 소년은 다음과 같은 환상을 즐기곤 했다. 즉, 자신에게 모든 사람을 겁먹게 만들고 오로지 그만을 사랑하는 길이 잘 든 사자가 있다는 것이다. 사자는 부르면 다가왔고, 어딜 가든 강아지처럼 따라다녔다. 그는 사자를 돌보았고 먹이를 주었으며 항상 편안하게 지내도록 챙겨 주었고, 저녁이 오면 방 안에 잠자리를 마련해 주었다. 백일몽이 흔히 그렇듯 하루하루 지나면서 이 중심 환상은 그와 일맥상통하는 여러 가지 삽화의 근간이 되었다. 예를 들어, 한 백일몽 속에서 그는 가장무도회에 가서 모든 사람들에게 자신이 데려온 사자가 사실은 변장한 친구라고 이야기했다. 이는 거짓말이었는데, 〈변장한 친구〉는 정말로 사자였기 때문이었다. 그는 사람들이 이 비밀을 알게 되면 얼마나 놀랄까 상상해 보며 기뻐하곤 했다. 동시에 불안해할 이유가 없다고 생각했는데, 이 사자는 자신이 지키고 있는 한 아무런 해도 끼치지 않을 것이기 때문이었다.

이 소년을 분석하면서 사자가 아버지의 대체물이라는 것을 이해하는 것은 어렵지 않았다. 그는 꼬마 한스처럼 어머니와 관계의 실제 경쟁자로서 아버지를 증오하고 두려워했다. 이 두 아이 모두에서 공격성은 불안으로 변형되었고, 감정은 아버지로부터 동물로 전치되었다. 그러나 이후 감정을 다루는 방법은 서로 달랐다. 한스의 경우 말에 대한 불안이 신경증의 기초로 활용되었다. 다시 말해서 그는 자신의 본능적 욕망을 스스로 단념하였고, 갈등 전체를 내면화하였다. 그리고 공포증 기제에 따라 유혹 상황 자체를 피하려 했다. 반면 내 환자는 한스가 배관공에 대한 환상 속에서 그랬듯 상황을 조금 더 편안하게 다룰 수 있었다. 그는 고통을 주는 사실 자체를 부인해 버렸고 사자에 대한 환상 속에서 이를 정반대로 — 기쁨을 주는 것으로 — 바꿔 버렸다. 그는 불안을 일으키는 동물을 친구로 대했고, 그로 인해 사자의 힘은 공포의 원천이 되는 대신에 자신이 좌지우지할 수 있는 것이 되었다. 사자가 불안을 일으키는 대상이었다는 것을 보여 주는 유일한 사실은 상상 속 삽화에서 묘사되는 다른 사람들의 불안이었다.[12]

열 살 난 환자가 이야기한 또 다른 동물 환상을 보자. 이 소년의 삶 속 특정 기간 동안 동물들은 극도로 중요한 역할을 담당했다. 그는 동물들이 등장하는 백일몽 속에서 몇 시간씩을 보내곤 했으며, 심지어 자신이 상상해 낸 삽화를 글로 써서 남겨 놓기도 했다. 이 환상 속에서 그는 커다란 서커스를 소유하고 있었고 또한 사자 조련사이기도 했다. 가장 잔인한 야생 동물이며 자유로운 상태라면 우리의 생명을 위협하는 적이기도 한 사자가 훈련을 통해 인간과 우호적으로 같이 지내게 되었다. 그리고 내 어린 환자가 이 사자들을 조련했다. 그는 우선 사자들이 서로를 공격하지 않도록 가르쳤고, 다음으로는 인간을 공격하지 않도록 했다. 조련을 할 때 그는 결코 채찍을 쓰지 않았으며 아무런 보호 장비 없이 우리 속으로 들어갔다.

동물들이 등장하는 모든 삽화는 다음과 같은 이야기

---

**12**  베르타 보른스타인(1936)은 한 일곱 살 소년의 환상에 대해서 서술했는데, 여기에서는 비슷한 방식으로 좋은 동물이 나쁜 동물로 변한다. 매일 저녁 소년은 장난감 동물들을 침대 주위에 마치 수호신처럼 둘러놓았지만, 밤에는 이들이 자신을 공격하려는 괴물과 합세한다고 상상하곤 했다.

로 수렴되었다. 어느 날, 각자가 나름의 역할을 맡아 서커스 쇼를 하고 있던 중 군중 속에 앉아 있던 한 도둑이 갑자기 그에게 총을 쏘았다. 즉각적으로 동물들은 서로 단결해서 〈그〉를 보호했고, 아무도 다치지 않도록 조심하면서 도둑을 군중 속에서 끌어냈다. 환상의 나머지 부분은 이 동물들 — 항상 주인에게 헌신한다 — 이 도둑에게 벌을 주는 방식과 연관되어 있었다. 그들은 도둑을 감옥에 가두었고, 땅에 묻은 뒤 의기양양하게 그 위에 동물들 자신의 몸으로 거대한 탑을 쌓아 올렸다. 다음에 그들은 도둑을 동물 우리로 데려갔는데, 그는 거기서 3년을 머물러야 했다. 마침내 도둑을 풀어 주기 전에 코끼리들은 길게 줄을 서서 그를 코로 때렸고, 마지막으로는 손가락을 세우고(!) 다시는 그런 짓을 하지 말라고 경고했다. 그리고 도둑은 그러지 않기로 약속했다. 〈그는 다시는 그런 짓을 하지 않을 거예요. 내가 내 짐승들과 함께 있는 동안에는요.〉 동물들이 도둑에게 가한 모든 행위들에 대한 묘사 뒤에는 흥미로운 부연 설명이 하나 추가되는데, 그에 따르면 감옥에 있을 때 동물들이 도둑을 아주 잘 먹였기 때문에 그는 전혀 약해지지 않았다고 한다.

사자에 대한 내 일곱 살 환자의 환상 속에서 우리는 아버지에 대한 양가적 태도를 처리하는 꾸밈없는 방식을 볼 수 있다. 서커스 환상은 이런 측면에서 훨씬 더 나아간다.

역전이라는 같은 과정을 통해 현실의 두려운 아버지는 자신을 지켜 주는 동물로 환상 속에서 변형되지만, 위험한 아버지 대상 자신은 도둑의 형태로 다시 나타나는 것이다. 사자 환상 속에서는 아버지 대체물이 실제로 누구로부터 아이를 지키려 하는지가 불명확하며, 아이가 사자를 소유하고 있다는 사실은 아이에 대한 사람들의 평가에 막연한 영향을 미칠 뿐이다. 그러나 서커스 환상 속에서는 야생 동물로 체화된 아버지의 힘이 아이를 아버지 자신으로부터 지켜 준다는 것이 아주 분명하다. 또한 여기에서 이 동물들이 이전에는 길들여지지 않았고 잔인했다는 점이 강조되고 있다는 것은 과거에 이들이 불안의 대상이었다는 것을 의미한다. 이 동물들의 힘과 영리함 뿐 아니라 코와 세운 손가락은 분명 아버지와 실제로 연관되어 있다. 아이는 이러한 속성에 상당한 중요성을 부여하고 있는 것이다. 환상 속에서 아이는 시기하는 아버지로부터 그러한 속성을 끌어냈고, 그 속성을 스스로에게 부여하여 아버지를 능가했다. 따라서 여기에서 아버지와 아들의 역할이 역전된다. 아버지는 〈다시는 그런 짓을 하지 말라〉는 경고를 받고 용서를 빌어야 하는 것이다. 놀라운 것 중 하나는 끝에 동물들이 도둑에게 끌어낸 안전의 약속은 소년이 동물들을 계속 소유할 수 있는지 여부에 달려 있다는 사실이다. 그리고 마침내 도둑을 먹이는 것과 연관된 〈부연 설명〉 속에서 아버지

와의 양가적 관계의 다른 측면이 승리를 거둔다. 명백하게
도 소년은 이 모든 공격적 행위에도 불구하고 아버지의 생
명을 염려할 필요는 없다는 것을 스스로 확인하고 싶은 것
이다.

이 두 소년의 백일몽에서 나타난 주제는 결코 이 아이
들에게만 한정된 특이한 것이 아니다. 이 주제들은 동화 및
다른 아이들의 이야기 속에서도 보편적으로 출현한다.[13] 이
와 연관해서 나는 민담이나 동화에서 마주치게 되는 사냥
꾼과 동물 이야기를 떠올린다. 한 사냥꾼이 사소한 잘못 때
문에 나쁜 왕에게 해고당하고 숲 속 집에서도 쫓겨난다. 떠
나야 할 때가 되자 사냥꾼은 분노와 슬픔을 가슴에 담은
채 마지막으로 숲을 거넌다. 그리고 잇달아 사자, 호랑이,
표범, 곰 등을 만난다. 매번 사냥꾼은 짐승에게 총을 겨누
지만, 놀랍게도 동물들은 말을 하면서 목숨을 구걸한다.

「사냥꾼님, 살려만 주신다면 제가 새끼 두 마리를 드릴
게요!」[14]

사냥꾼은 그때마다 흥정에 응하고 선물로 받은 새끼
들과 같이 길을 나선다. 마침내 그는 엄청나게 많은 수의

---

**13** 여기에서 우리는 〈도움을 주는 동물〉이란 주제를 떠올릴 수 있다. 신화
속에 등장하는 이 주제는 이 책과는 다른 관점에서 많은 정신 분석 저자들이
다루어 왔다. 오토 랑크의 『영웅 탄생 신화』(1909)를 보라.

**14** Lieber Jäger, lass mich leben — Ich will dir auch zwei Junge geben!

어린 야생 짐승들을 끌어모으고, 이제 자신을 위해서 싸워줄 강력한 군세를 얻었다는 것을 깨닫는다. 그는 수도로 행군하여 왕의 성 앞에 당도한다. 사냥꾼이 동물들을 풀어 자신을 죽일지도 모른다는 공포에 빠진 왕은 자신이 저지른 잘못을 보상해 준다. 그리고 불안에 떠밀려 왕국의 반을 넘겨주고 딸을 사냥꾼과 결혼시킨다.

동화 속 사냥꾼이 아버지와 갈등을 겪는 아들이라는 것은 분명하다. 이 둘 사이의 다툼은 아주 특이하고 우회적인 방식으로 해결된다. 사냥꾼은 다 자란 동물들 — 이는 최초의 아버지 대체물이다 — 에게 복수하는 것을 자제한다. 그 보상으로 그 동물의 힘을 체화하고 있는 새끼들을 얻는다. 새로이 획득한 힘으로 그는 아버지에게 승리하고, 아내를 얻어 낸다. 여기에서 다시 한 번, 실제 상황이 역전되었다. 힘이 센 아들이 아버지와 맞부딪치는데, 아들의 힘을 보고 깜짝 놀란 아버지는 굴복하고 아들의 모든 소망을 이루어 주는 것이다. 이 동화에서 동원된 방법은 서커스 환상의 경우와 정확하게 일치한다.

동물 이야기 외에도, 내 어린 환자의 사자 환상에 상응하는 이야기들을 아이들이 등장하는 이야기들 속에서도 찾아볼 수 있다. 아이들이 읽는 많은 책 속에서는 — 아마도 가장 충격적인 이야기는 『소공자』[15]와 『꼬마 대령』[16]일 것이다 ── 모두의 예상을 깨고 괴팍한 노인을 〈길들이는 데〉 성공하는 소년 혹은 소녀가 등장한다. 그런데 이 노인은 굉장한 권력을 지니고 있거나 부자고, 사람들은 모두 그를 무서워한다. 노인은 모두를 미워하지만, 오로지 그 아이만은 노인을 감동시키고 사랑을 받게 된다. 마침내, 아무도 어찌해 볼 수 없었고 스스로도 자신을 통제할 수 없었던 노인은 아이의 영향에 굴복하고 이 꼬마에게 조종당한다. 그리하여 심지어 다른 사람들을 위해 온갖 선행을 베푼다.

이러한 이야기들은 동물 환상처럼 실제 상황을 완전히 뒤집음으로써 아이에게 쾌락을 준다. 아이는 강력한 아버지 상(혹은 사자)을 소유하고 통제할 수 있는 유일한 인물로서 등장하며, 주위 그 누구보다 우월하다. 아이는 또한 악을 선으로 천천히 바꿔 가는 교육자이기도 하다. 독자들은 첫 번째 환상 속의 사자가 우선 사람을 공격하지 않는 훈련을 받으며, 서커스의 동물들 또한 다른 무엇보다 서로에 대한 그리고 인간에 대한 공격적 충동을 통제하는 법을 배워야 했다는 것을 기억할 것이다. 아이들이 등장하는 이야기 속에서도 아버지와 연관된 불안이 동물 환상과 같은

15 프랜시스 호지슨 버넷.
16 애니 펠로스 존스턴.

방식으로 전치된다. 그리하여 이 불안은 타인이 느끼는 불안으로 그 모습을 드러내지만, 아이는 사람들을 안심시킨다. 그리고 남이 대신 느끼는 이 불안은 쾌락의 추가적 원천이 된다.

꼬마 한스의 두 가지 환상과 내 환자들의 동물 환상 속에서 객관적 불쾌 및 객관적 불안이 회피되는 방식은 아주 간단하다. 아이의 자아는 도저히 받아들일 수 없는 현실을 인식하기를 거부한다. 우선 자아는 현실로부터 등을 돌리고, 이를 부인하고, 상상 속에서 불편한 진실을 역전시킨다. 이를 통해 〈악한〉 아버지는 환상 속에서 자신을 보호해 주는 동물이 되며, 무력한 아이는 강력한 아버지 대체물의 주인이 된다. 만약 그 변형이 성공적으로 이루어져서 자신이 구축한 환상을 통해 아이가 현재 문제가 되는 현실을 무시할 수 있다면, 자아는 불안을 피할 수 있고, 따라서 본능적 충동에 대항해서 방어적 수단에 기대거나 신경증을 일으킬 필요도 없어진다.

이러한 기제는 유아적 자아 발달에 있어 정상 단계에 속하지만, 성인기에도 일어난다면 이는 정신 질환이 상당히 진전되었음을 의미한다. 특정한 갑작스러운 정신적 혼란 상태에서 환자의 자아는 현실에 대해 정확하게 이런 식으로 행동한다. 사랑 대상의 상실과 같은 충격을 받았을 때, 현실을 부인하고 견딜 수 없는 현실을 마음에 드는 망상으로 대체하는 것이다.

아이들의 환상을 정신증적 망상과 비교해 본다면 왜 인간 자아가 이토록 간단하고 극도로 효과적인 기제 — 불안 및 불쾌를 일으키는 객관적 원천의 존재에 대한 부인 — 를 더 광범위하게 활용할 수 없는지를 이해할 수 있다. 현실을 부인하는 자아의 능력은 그토록 칭찬받는 자아의 또 다른 능력 — 대상의 현실을 인식하고 이를 비판적으로 검증하는 능력 — 과 전적으로 모순된다. 초기 아동기에는 이러한 모순이 아직은 그리 많은 혼란을 일으키지 않는다. 꼬마 한스나 사자 주인 혹은 서커스 주인의 경우에도 현실 검증 능력은 전혀 손상되지 않은 상태였다. 그들은 물론 그 동물이 현실에 존재한다거나 아버지보다 우월하다고 실제로 믿지는 않았다. 지적으로는 환상과 현실을 아주 잘 구분할 수 있었던 것이다. 그러나 감정적 측면에서 그들은 고통을 주는 객관적 현실을 철회하고, 이 현실이 뒤집히는 환상에 리비도를 과투여했다. 그리고 이를 통해 상상으로부터 끌어낸 쾌락이 객관적 불쾌에게 승리를 거두었다.

정확하게 언제 자아가 환상이라는 수단을 통해서 상당한 양의 객관적 불쾌를 극복해 내는 능력을 상실하는지 이야기하기란 쉽지 않다. 성인이 되어서도 백일몽이 여전히 나름의 역할을 한다는 사실을 우리는 잘 알고 있다. 백일몽은 때로는 너무도 협소한 현실의 틈을 넓혀 주고 때로는 실제 상황을 완전히 뒤집어 버리기도 한다. 그러나 성인에게 있어 백일몽은 하나의 놀이와도 같으며, 리비도 투여가 거의 되지 않는 일종의 부산물에 불과하다. 이는 기껏해야 소소한 불편함을 해소하거나, 주체에게 대수롭지 않은 약간의 불쾌로부터 환각적 위안을 주는 데 도움이 될 뿐이다. 객관적 불안에 대항하는 방어 수단이라는 백일몽의 원래 중요성은 아동기의 가장 이른 시기가 지나가면 사라져 버리는 것 같다. 우선 그 한 가지 이유는 현실 검증 능력이 객관적으로 강화되기 때문이라고 짐작해 볼 수 있는데, 그 덕분에 감정적 측면에서도 현실이 유지될 수 있는 것이다. 또한 성인이 되면 종합을 향한 자아의 욕구는 서로 상반되는 것이 공존할 수 없게 만든다. 그리고 성숙한 자아의 현실에 대한 애착은 일반적으로 유아적 자아보다 더 강할 것이기에, 이렇게 되면 더 이상 환상을 어린 시절처럼 소중하게 여길 수 없게 된다. 어쨌든 성인이 되면 환상을 통한 만족은 더 이상 무해할 수 〈없다〉. 상당한 양의 리비도 투여가 연관되어 있기 때문에 환상과 현실은 더 이상 양립할 수 없는 것이다. 하나가 존재하려면 다른 하나는 사라져야 한다. 알다시피 이드 충동이 자아를 침입하여 환각이라는 수단을 통해서 만족을 얻는다면 이는 성인에게 정신증을 초래한다. 현실을 부인함으로써 불안을 피하고 본능을 물리치며 신경증을 피하려는 자아가 이 기제를 무리하게 사용하는 것이다. 만약 잠재기 동안 이러한 일이 일어난다면 성격이 비정상적으로 발달할 수 있는데, 이는 내가 언급했던 두 소년의 사례에도 해당된다. 만약 이러한 일이 성인기에 일어난다면 자아와 현실과의 관계는 심각하게 흔들릴 것이다.[17]

성인 자아가 망상적 만족을 선택하고 현실 검증 능력을 포기할 때 이 자아 안에서 정확하게 어떤 일이 일어나는지 우리는 아직 알지 못한다. 이때 자아는 스스로를 외부 세계로부터 단절시키고 외적 자극을 등록하는 일을 완전히 멈춘다. 본능 생활 속에서, 내적 자극에 대한 이러한 무감각은 단 한 가지 방식 — 바로 억압 기제 — 을 통해서만 가능하다.

---

**17** 최근 몇몇 저자들이 부인 기제와 정신증 및 성격 형성과의 관계에 대해서 논의하였다. 헬렌 도이치(1933)는 만성 경조증 발생에 있어 이 부인이라는 방어 과정이 지닌 중요성에 대해 다루었으며, 버트람 D. 레빈(1932)은 경조증 환자에서 새롭게 형성된 쾌락 자아가 이 기제를 어떻게 동원하는지에 대해 서술하였다. 그리고 애니 앤젤(1934)은 부인과 낙관주의의 관계에 주의를 기울였다.

# 7장
# 말과 행동에서의 부인

첫 몇 년 동안 유아적 자아는 현실 검증 능력을 훼손하지 않으면서 부인 기제를 통해 불편한 현실을 자유롭게 제거한다. 유아적 자아는 이 능력을 가능한 최대로 활용하며, 그 적용 범위도 사고와 환상의 측면에만 한정되지 않는다. 자아는 단순히 생각만 하는 것이 아니라 행동하기 때문이다. 유아적 자아는 실제 상황의 역전을 극화하는 데 있어 가능한 모든 외부 대상을 활용한다. 물론, 현실의 부인은 아이들의 모든 놀이, 특히 역할 놀이 배후에 있는 수많은 동기들 중 하나다.

여기에서 나는 한 영국 작가가 쓴 아주 작은 시집을 떠올린다. 이 책에는 주인공 꼬마 영웅의 삶 속에 존재하는 환상과 사실의 병치가 아주 유쾌하게 서술되어 있다. 이는 바로 A. A. 밀네의 『우리가 아주 어렸을 적에』라는 책이다. 이 세 살 아이의 방에는 네 개의 의자가 있다. 첫 번째 의자에 앉으면 그는 깊은 밤 아마존 강을 거슬러 올라가는 탐험가〈이다〉. 두 번째 의자에 앉으면 으르렁 소리로 유모를 겁주는 호랑이가 된다. 세 번째 의자에서는 바다를 항해하는 선장이다. 그러나 가장 높은 네 번째 의자에서 아이는 단순히 그 자신인 척, 어린 소년인 〈척하려고 노력한다〉. 여기에서 저자가 무슨 말을 하고자 하는지 이해하는 것은 어렵지 않다. 아이에게는 언제든 즐거운 환상 세계를 구축할 수 있는 재료가 있다. 그러나 아이의 임무이자 과업은 현실적 사실들을 인식하고 이를 흡수하는 것이다.

어른들이 아이와 관계를 맺을 때 바로 이 기제를 언제든 기꺼이 활용한다는 사실은 흥미롭다. 어른들이 아이에게 주는 즐거움 중 많은 부분이 바로 이러한 유형의 현실 부인에서 유래한다. 우리는 아주 흔히 작은 아이에게 〈너 참 크구나〉라고 이야기한다. 그리고 명백한 현실과는 정반대로 아이가 〈아버지만큼〉 힘세고, 〈어머니만큼〉 영리하고, 〈군인만큼〉 용감하고, 〈형〉만큼 〈박력〉 있다고 말해 주곤 한다. 아이 기분을 좋게 하고 싶을 때 사람들은 더 자연스럽게 이러한 현실적 사실의 역전 기제에 의지한다. 아이가 다치면 지금은 〈더 괜찮아졌다〉고 이야기하고, 싫어하는 음식이 〈하나도 안 이상하다〉고 한다. 누군가 떠나 버려서 괴로울 땐 〈금방 돌아올 거야〉라고 말하기도 한다. 어떤 아이들은 실제로 자신에게 위안이 되는 말을 골라 놓고는 고통스러울 때마다 이 정형화된 구절을 동원한다. 예를 들어 두 살 된 여자아이 하나는 어머니가 방을 떠날 때마다 〈엄마는 금방 오실거야〉라는 말을 기계적으로 중얼거리곤 했다. 또 다른 (영국) 아이는 쓴 약을 먹어야 할 때마다 슬픈 목소리로 〈맘에 들어, 맘에 들어〉라고 소리쳤는데, 이는 아이로 하여금 이 약이 맛있다고 생각하게 만들기 위해 유모가 해주던 말의 일부였다.

어른들이 아이에게 가져오는 많은 선물들 역시 같은 착각을 일으킨다. 작은 손가방이나 테 넓은 모자 혹은 양산 같은 선물은 소녀가 〈숙녀〉인 척해 보도록 도와준다. 지팡이나 군복 혹은 장난감 무기들은 작은 소년이 어른 흉내를 내게 해준다. 사실 인형 역시 그것으로 온갖 놀이를 할 수 있을 뿐 아니라 아이가 엄마 역할을 하고 있다는 허구를 창조한다. 또한 기찻길이나 자동차 그리고 블록들도 다양한 소망을 실현하는 것을 돕고 승화의 기회를 제공할 뿐 아니라, 자신이 세상을 조종할 수 있다는 기분 좋은 환상을 아이 마음속에 만들어 낸다. 여기에서 우리는 놀이 상황의 방어 및 회피 작용 ─ 이렇게 부르는 것은 적절하다 ─ 에 대한 논의는 하지 않을 터인데, 이 주제는 관변 심리학에서 다른 각도로 철저하게 논의되어 왔기 때문이다.

그리고 이는 서로 다른 아동 교육 방법론(프뢰벨 대 몬테소리) 사이에서 이론적 논쟁이 끊이지 않는 또 다른 이유이기도 하다. 실제로 쟁점이 되는 것은 교육이 어느 정도까지 아이들—그 가장 연약한 시기에조차—이 현실을 받아들이는 데 모든 노력을 쏟게 할 것인가, 그리고 현실에서 등을 돌리고 환상 세계를 구축하는 것을 어느 선까지 허용할 것인가 하는 문제다.

아이가 허구 속으로 들어가 고통스러운 현실을 그 반대로 변형하는 것을 허용할 때, 어른들은 항상 엄격한 조건 하에서 이를 용인한다. 아이들은 환상을 행동화할 수는 있지만 한계를 분명하게 지켜야 한다. 히히힝 울고 나팔 같은 소리를 내면서 네 시간 동안 쉬지 않고 말이나 코끼리가 되어 있던 아이도, 한 번 이야기하면 바로 식탁에 자리 잡고 앉아 조용히 밥 먹을 준비가 되어 있어야 하는 것이다. 사자 조련사도 유모의 말에 복종해야 하며, 탐험가 혹은 해적도 바야흐로 어른들 세계 속에서 가장 흥미진진한 일이 벌어지려 하는 순간이라 하더라도 잠자리에 들라는 말에 복종해야 한다. 아이의 부인 기제를 관대하게 받아 주는 어른들의 태도는 아이가 환상에서 현실로 쉽게 돌아오려고 하지 않고, 꾸물거리거나 지체하면서 환상에 따라 실제 행동을 취하려고 하면 순식간에 싹 사라진다. 정확하게 이야기하자면, 환상 행동이 하나의 놀이이기를 멈추고 어떤 자동증이나 강박이 되는 순간에 말이다.

관찰할 기회가 있었던 한 어린 소녀는 남녀가 다르다는 사실을 받아들일 수 없었다. 소녀에게는 오빠와 남동생이 있었고, 그들과 자신을 비교해 볼 때 항상 갑작스런 불쾌를 느꼈다. 이 때문에 그녀는 어느 정도 이 사실로부터 스스로를 방어하거나, 그게 아니라면 이 문제를 〈철저히 조사해야〉 했다. 동시에 노출증이 이 소녀의 본능 발달에 있어서 상당한 역할을 했는데, 남근에 대한 시기와 선망이 〈보여 줄 수 있는 무언가〉를 가지고자 하는 욕망의 형태를 띠게 되었던 것이다. 우리는 다른 아이 사례로부터 소녀가 이 소망을 실현시킬 수 있는 여러 가지 방법이 있다는 것을 알고 있다. 예를 들어, 무언가를 보여 주고자 하는 갈망은 성기로부터 신체의 다른 예쁜 부분으로 전치되었을 수 있다. 혹은 예쁜 옷에 관심을 가지기 시작하면서 〈허영〉을 부리기 시작할 수도 있다. 그게 아니라면, 오빠나 남동생의 성기가 보여 주는 곡예[18]에 대한 대체물로서 교련과 체육에 탁월해지고자 노력했을 수도 있다. 그녀가 실제로 선택한 방법은 더 간단한 것이었다. 그녀는 자신에게 음경이 없다는 사실을 부인하였고, 따라서 대체물을 찾을 필요도 없어졌다. 그 순간부터 그녀는 자신에게 존재하지 않는 기관을

---

**18**  음경이 커졌다 작아졌다 하는 것을 의미한다 — 옮긴이주.

보여 주고자 하는 일종의 강박 행동에 시달리기 시작했다. 신체적 측면에서 이 강박 행동은 때때로 치마를 들어 올리고 그 속을 보여 주는 행동으로 나타났고, 이는 〈내가 가진 멋진 걸 봐요〉라는 의미였다. 일상 속에서 그녀는 상상할 수 있는 모든 순간에 다른 사람들을 불러 모아서는 그들이 있지도 않은 무언가를 보고 경탄하기를 원했다. 「여기 와서 닭이 얼마나 알을 많이 낳았는지 봐요.」 「이봐요, 저기 차에 삼촌이 있어요!」 실제로 알은 없었고, 차 역시 아무리 살펴보아도 흔적조차 찾을 수 없었다. 언니 오빠들은 처음에는 이 농담을 좋아하며 웃고 박수를 쳤으나, 갑자기 실망하는 일이 자꾸 반복되자 동생들은 눈물을 터트리기 시작했다. 이제 그녀의 행동은 놀이와 강박 사이 경계에 있다고 말할 수 있을 터였다.

이전 장의 일곱 살짜리 사자 조련사 사례에서도 같은 과정이 더 분명하게 확인된다. 분석이 보여 주었듯, 아이의 환상은 남아 있는 불쾌와 불편함에 대한 보상이었을 뿐 아니라 격심한 거세 불안을 제어하려는 시도이기도 했다. 그러나 부인하는 습관이 계속 자라나서, 마침내 소년은 불안 대상을 자신을 보호해 주거나 자신에게 복종하는 우호적인 존재로 변형하려는 갈망을 따라갈 수 없었다. 그는 노력을 배가하였고 자신을 두렵게 만드는 모든 것들을 업신여기는 성향은 증가하였다. 불안을 일으키는 것은 무엇이든 조소의 대상이 되었고, 주위 모든 것이 불안의 원천이었기에 세상 전체가 부조리해졌다. 거세 불안의 끊임없는 압박에 대해 그는 그만큼의 끊임없는 익살로 반응했다. 처음에이는 단순한 장난으로 보였지만, 농담할 때 빼고는 결코 불안으로부터 자유로워 본 적이 없으며, 외부 세계에 조금 더진지하게 다가가려 하면 불안 발작을 치러야 했다는 사실을 통해 소년의 장난기가 지닌 강박적 성격이 드러났다.

일반적으로 어서 빨리 크고 싶어서 〈아빠〉놀이를 하고 아버지 모자와 지팡이를 빌리는 소년을 비정상이라고생각하지는 않는다. 어쨌든 우리는 이런 경우에 아주 익숙하다. 내 아동 환자 중 한 명이 제일 좋아하는 놀이가 바로이것이었는데, 나를 만날 무렵에 그는 유별나게 키가 크거나 힘이 센 남자를 볼 때마다 기분이 극도로 나빠지곤 했다. 그는 그런 기분 속에서 아버지 모자를 쓰고 어슬렁거렸고, 아무도 방해하지 않는다면 이내 만족하고 행복해했다. 같은 방식으로 여름휴가 내내 그는 등에 속을 가득 채운 배낭을 메고 돌아다녔다. 이 소년과 커다란 어른이 되는 놀이를 하는 소년 사이의 차이점은 내 환자의 놀이는 다른 무엇보다 진지했다는 점에 있었다. 집 안에 들어가거나, 밥을 먹거나, 잠을 자야 해서 모자를 할 수 없이 벗어야 할 때면 그는 어쩔 줄 몰라 하면서 기분이 나빠졌다.

〈어른〉처럼 보이게 해주는 뾰족한 모자를 선물로 받

은 소년은 원래 아버지 모자와 연관되어 있었던 행동을 반복했다. 항상 모자를 들고 다녔고, 모자를 써도 된다는 허락을 받지 못하면 모자를 움켜쥔 손을 부들부들 떨었다. 그렇지만 당연히 손을 써야하는 다른 이유는 항상 생겼다. 그래서 한번은 그가 모자를 걸어 둘 곳을 간절히 찾다가 가죽 반바지 앞섶에 생각이 이르렀다. 별 고민 없이 그는 모자를 바지 앞 구멍에 쑤셔 넣었고 그렇게 손이 자유로워지자 앞으로는 보물과 떨어져 있을 필요가 없겠다며 깊이 안도했다. 상징적 의미를 따르자면 이 모자는 분명 자신이 항상 속해 있던 장소에 도달했다. 즉, 성기 바로 옆에 자리 잡았던 것이다.

앞에서 더 적절한 말을 찾던 나는 몇 차례 이 아이들의 행동이 강박적이라고 묘사했다. 피상적으로 보면 이 행동들은 강박 신경증 증상과 아주 많이 닮았다. 그러나 더 가까이 들여다보면, 이것이 엄격한 의미에서의 강박증은 아니라는 것을 알게 된다. 그 행동 구조는 우리가 신경증 증상의 일반적 특징으로 알고 있는 것과 전적으로 다르다. 이 아이들의 행동이 어떤 객관적 좌절이나 실망으로부터 형성되기 시작하기는 하지만, 이 경우 잇달아 일어나는 갈등이 그 즉시 내면화되지는 않는다. 외부 세계와의 연결이 유지되는 것이다. 자아가 의지하는 방어 수단은 본능 자체에 대항하는 것이 아니라 좌절을 일으킨 외부 세계를 직접 겨

냥한다. 신경증적 갈등 속에서 우리가 금지된 본능적 자극의 지각을 억압이라는 수단을 통해서 회피하듯, 유아적 자아는 부인 기제에 의지하여 외부에서 오는 고통스러운 인상을 의식하지 않으려 한다. 강박 신경증에서 억압은 반동형성을 통해 강화되는데, 이 경우 억압된 본능적 충동 또한 역전된다(잔혹함 대신에 동정으로, 노출증 대신에 수줍음으로). 비슷하게, 내가 서술했던 유아적 상황에서 아이가 현실적 사실을 환상이나 말이나 행동 속에서 뒤집을 때 현실의 부인은 완결되고 확증된다. 강박적 반동 형성을 유지하기 위해서는 우리가 역투여라고 부르는 에너지의 꾸준한 소비가 필요하다. 또한 아이의 자아가 자신의 쾌락적 환상을 유지하고 극화하기 위해서도 비슷한 지출이 요구된다. 앞에서 인용했던 소녀 사례에서는 그녀 눈앞에 오빠나 남동생의 남성성이 끊임없이 출현했고, 그때마다 꼬박꼬박 소녀는 〈나도 보여 줄 게 있어〉라는 단언으로 반응했다. 모자를 가지고 다니던 소년의 시기는 주변에서 보는 남자들로 인해 지속적으로 자극되었고, 이 때문에 소년은 손에 만져지는 남성성의 증거로 간주했던 모자나 배낭을 계속 보여 주어야만 했다. 이러한 종류의 행동을 외부에서 누가 방해라도 한다면 실제 강박 행동이 차단당했을 때와 같은 결과가 야기된다. 피하고 싶은 성향과 이를 방어하는 힘 사이에서 겨우겨우 지켜져 왔던 균형이 흔들리고, 부인되어 왔던 외부 자극이나 억압되어 왔던 본능적 자극이 의식으로 밀고 들어오면서 자아 속에 불안과 불쾌의 느낌을 일으키는 것이다. 말과 행동을 통한 부인이라는 방어 방법 역시 앞 장에서 환상에서의 부인과 연관하여 서술했던 것과 같은 시간적 제한을 받는다.[19] 현실 검증 능력을 훼손하지 않고 그와 나란히 공존할 수 있는 동안에만 동원될 수 있는 것이다. 성숙한 자아 조직이 종합을 통해서 통합되면, 부인이라는 방법은 포기된다. 그리고 이는 현실과의 관계가 심하게 손상되고 현실 검증 능력이 일시적으로 정지하는 동안에만 다시 동원된다. 예를 들어 정신증적 망상 속에서는 나무 조각 하나가 환자가 잃어버렸고 갈망해 왔던 사랑 대상을 표상할 수 있는데, 아이들은 자신을 보호하기 위해 이와 비슷한 물건을 사용하기도 하는 것이다.[20] 신경증에서 단 하나의 예외는 강박 신경증 환자의 〈부적〉일 터인데, 환자들이 그토록 맹렬하게 매달리는 이 대상이 내부의 금지된 충동이나 외부의 위험한 세력으로부터의 보호를 표상하는지, 아니면 이 두 유형의 방어가 결합된 형태인지는 아직 분명하지 않다.

**19** 이 자리에서 세밀히 분석하지는 않을 아이들 놀이에서의 〈흉내 내기〉는 〈말과 행동 속의 부인〉과 〈환상 속의 부인〉의 중간에 위치한다.
**20** R. 라포르그의 암점화 개념(1928)과 비교해 보라.

말과 행동에서의 부인이라는 방법은 이차적 제한의 영향을 받지만, 이는 환상에는 해당되지 않는다. 환상 속에서 아이는 지고의 존재다. 타인에게 이야기하지 않는 한, 아무도 방해할 이유가 없다. 반면에 환상을 말과 행동으로 극화하기 위해서는 외부 세계의 무대가 필요하다. 따라서 부인 기제를 동원하는 것은 주변 사람들이 얼마만큼 아이의 극에 빠져들어 주느냐에 따라 외부적으로 좌지우지된다. 또한 내적으로는 현실 검증 능력과 얼마만큼 조화를 이룰 수 있느냐에 영향을 받는다. 모자를 가지고 다녔던 소년의 경우 방어의 성공 여부는 집 안에서, 학교에서, 그리고 유치원에서 과연 모자를 써도 된다는 허락을 받을 수 있느냐 하는 문제에 전적으로 달려 있었다. 반면에 일반적으로 사람들은 그러한 보호 기제의 정상성 혹은 비정상성을 그 방어 수단의 내적 구조를 보고서가 아니라, 그 행동이 얼마나 튀느냐 여부로 판단한다. 강박이 모자를 가지고 돌아다니는 형태를 보이는 한, 아이에게는 〈증상〉이 있다. 소년은 이상한 아이로 간주되고, 그로 인해 자신을 불안으로부터 보호해 주는 대상을 빼앗길 위험이 상존한다. 하지만 시간이 흐르면서 보호에 대한 욕망은 이목을 덜 끌게 되었다. 그는 배낭과 모자를 벗어 놓고, 주머니에 연필 한 자루를 지니고 다니는 것으로 만족했다. 그때부터 아이는 정상으로 간주되었다. 그는 주변에 맞추어 방어 기제를 적응시켰으며, 적응까지는 아니더라도 최소한 이를 감추고 타인의 요구와 갈등을 빚는 것을 피했다. 그러나 이것이 내적 불안 상황에 변화가 있다는 것을 의미하지는 않는다. 거세 불안을 부인하기 위해 그는 연필을 가지고 다니는 것에 대해서 이전 못지않게 강박적이었고, 혹시라도 연필을 잃어버리거나 가지고 나오지 못했을 때는 이전과 같은 불안 발작 및 불쾌에 시달렸다.

불안의 운명은 때때로 그러한 방어 수단을 타인이 얼마나 용인해 주느냐에 달려 있다. 만약 용인된다면 불안은 그 순간 멈출 것이고 이 원래 〈증상〉 속에 묶여 있을 것이나, 방어 시도가 실패한다면 불안이 악화되면서 직접적인 내적 갈등이 일어나고, 본능에 대한 방어적 투쟁이 실제 신경증으로 가공될 것이다. 그러나 아이의 현실 부인에 동참함으로써 유아 신경증을 막으려 하는 것은 위험할 수 있다. 부인이 과도하게 일어난다면, 자아가 이상하게 성장하거나, 엉뚱해지거나, 특이해질 수 있으며, 마침내 원초적 부인의 시기가 지나 버리면 이를 제거하는 것은 아주 어렵기 때문이다.

# 8장
# 자아의 제한

부인과 억압 기제 그리고 환상 형성과 반동 형성 기제를 비교해 봄으로써, 자아가 외부와 내부의 원천에서 각각 유래하는 불쾌를 피하기 위해 동원하는 방법 사이의 유사성을 확인할 수 있었다. 좀 더 단순한 다른 방어 기제들을 들여다보면, 여기에서도 비슷한 유사성이 발견된다. 부인이라는 방법 — 현실적 사실을 정반대로 역전시키는 환상의 기반이 되는 — 은 고통스러운 외부 인상으로부터 도망치는 것이 불가능한 상황에서 가동된다. 아이가 좀 더 자라서 신체 움직임이 자유로워지고 정신 활동 능력이 늘어나게 되면 아이의 자아는 더 이상 자극을 회피하지 않으며, 또한 부인 기제처럼 복잡한 정신 작용을 수행할 필요도 사라진다. 고통스러운 인상을 지각하고 뒤이어 리비도 투여를 거두어들임으로써 이를 지워 버리는 대신에, 자아는 애당초 위험한 외부 상황에 맞닥뜨리는 것 자체를 거부할 수 있는 것이다. 이제 자아는 도피할 수 있기 때문에 말 그대로의 의미에서 불쾌를 경험할 상황을 〈회피〉할 수 있게 된다. 회피는 아주 원시적이고 자연적인 기제이고 더군다나 정상 자아 발달과 뗄 수 없을 정도로 연관되어 있기 때문에, 이론적 논의를 위해 이 기제를 일상적 맥락에서 분리하여 독립적으로 고찰하는 것은 쉽지 않은 일이다.

〈모자를 가지고 다니는 소년〉으로 앞 장에 소개한 아이를 분석할 때 이러한 맥락에서 그가 불쾌를 회피하는 방법이 어떻게 발달하였는지 관찰할 수 있었다. 어느 날 아이는 내 집에서 작은 마술 그림판을 발견하고는 이에 완전히 빠져들었다. 그는 열성적으로 색연필로 그림을 그리기 시작했는데, 내가 이를 따라하자 기뻐했다. 그런데 내 그림을 보더니 갑자기 동작을 멈추었는데, 분명 화가 나 있었다. 다음 순간 그는 색연필을 내려놓고 (그때까지 소중히 지키고 있던) 그림 도구들을 모두 내게 밀어 주고는, 일어서서 이렇게 말했다. 「선생님은 계속하세요. 저는 그냥 보는 게 낫겠어요.」 그는 분명 내 그림이 자기가 그린 것보다 더 예쁘고 능숙하고 어찌된 일인지 더 완벽하다는 사실에 놀랐고, 자기 그림과 비교하고는 충격을 받았다. 그 즉시 아이는 더 이상 나와 경쟁하지 않기로 결심하고 바로 그 직전까지만 해도 기쁨을 주었던 활동을 단념했다. 그리고 아무 일도 하지 않기에 남과 비교될 수도 없는 구경꾼 역할을 택했다. 이렇게 스스로를 제한함으로써 아이는 불쾌한 인상이 반복되는 것을 회피했던 것이다.

이러한 일이 한 번만 있었던 것은 아니다. 게임에서 나를 이기지 못하거나 나만큼 그림을 그리지 못했을 때처럼, 그것이 무엇이든 내가 하는 만큼 잘 하지 못하면 앞과 같은 갑작스러운 기분 변화가 일어났다. 그는 하던 일에서 모든 기쁨을 상실하고 이를 포기하였으며 자동적으로 흥미 또한 잃어버리는 것처럼 보였다. 반면 자신이 느끼기에 나보다 잘 하는 것 같은 일에는 끝없이 강박적으로 몰두하곤 했다. 당연하게도 그는 처음 학교에 가서도 나와 있을 때와 비슷하게 행동했다. 자신 없는 게임이나 수업에는 아예 참여하기를 거부했고, 이 아이 저 아이 뒤에서 〈구경〉하곤 했다. 불쾌한 것을 뭔가 쾌락적인 것으로 역전시킴으로써 불쾌를 통제하던 그의 방식이 변화한 것이다. 그는 발달을 크게 희생하면서 자아 기능을 제한하였고, 자신이 가장 두려워하는 유형의 불쾌를 일으킬 것 같은 외부 상황으로부터 물러났다. 자신보다 훨씬 어린 아이들과 함께 있을 때만 이러한 제한을 벗어던질 수 있었고, 그 활동에 적극적인 관심을 보였다.

현대적 원칙으로 운영되면서 가르치는 것보다는 스

스로 선택하고 각자 작업하는 것을 중시하는 유치원과 학교에서 이 모자 소년과 같은 유형의 아이들은 드물지 않다. 교사들은 한편으로는 영리하고 부지런하며 관심이 많은 아이들 집단과 다른 한편으로는 지적으로 좀 떨어지고 학업에 시큰둥하며 공부하도록 이끌기 힘든 집단 사이에서 새로운 중간 집단이 생겨나고 있다고 말한다. 그리고 이 집단은 언뜻 보기에는 학습에 문제를 보이는 통상적인 학생 집단 중 그 어떤 부류에도 속하지 않는다. 분명 영리하며 잘 성장하였고 학교 또래들 사이에서 인기가 많음에도 불구하고, 이 아이들을 일상적 놀이나 수업 속에서 제자리를 찾도록 이끄는 것은 불가능하다. 학교는 아이들에게 비판이나 비난을 가하지 않기 위해 세심히 노력하지만, 이들은 마치 위협당하고 있는 것처럼 행동한다. 이들은 자신이 이룬 것과 다른 아이들이 이룬 것을 그냥 비교해 보는 것만으로 스스로 해낸 것의 가치가 사라져 버렸다 느낀다. 만약 어떤 숙제나 건설적인 놀이를 하는 데 실패한다면, 이후로는 이를 절대 시도조차 하지 않으려 한다. 따라서 소극적으로 남아서 어떤 장소나 일에도 애정을 가지려 하지 않고, 타인이 하는 것을 구경하는 일에 스스로 만족한다. 이러한 빈둥거림은 이차적으로 반사회적인 효과를 일으키는데, 지겨워진 나머지 공부 혹은 놀이에 몰두하고 있는 아이들과 슬슬 다투기 시작하는 것이다.

이러한 아이들이 보이는 좋은 능력과 실망스러운 수행 사이의 대비는 이들이 신경증적으로 억제되어 있다는 것, 그리고 이들이 겪는 혼란이 실제 억제 기제의 분석을 통해 우리에게 친숙한 작용 및 내용에 기반하고 있다는 것을 시사한다. 실제 억제 사례나 위에서 서술한 아이들 사례는 모두 과거와 똑같은 관계를 맺고 있다. 두 경우 모두에서 증상은 실제 대상이 아니라 과거의 주된 관심 대상의 현재 대체물과 연관되어 있는 것이다. 예를 들어, 아이의 계산하고 사고하는 능력이나 성인의 말하는 능력 혹은 음악가의 연주 능력이 억제될 때, 회피되고 있는 실제 행동은 정신적으로 개념이나 숫자를 다루거나 단어를 발음하거나 활을 켜거나 피아노 건반을 누르는 것 따위가 아니다. 자아 입장에서 그런 행동은 그 자체로는 아무런 해를 끼치지 않는다. 그러나 이 행동들은 과거의 성적 행동과 연관되어 있으며, 주체가 밀어내려고 하는 것은 바로 이것이다. 위 행동들은 이제 성적 행동을 표상하며 따라서 〈성화〉되어 버렸기 때문에 그 자체 자아가 방어해야 하는 대상이 되는 것이다. 마찬가지로 아이들이 자신과 타인의 성취를 비교할 때 경험하는 불쾌로부터 스스로를 방어할 때, 이 불쾌 역시 대체물에 불과하다. 타인의 우월한 성취를 보는 것은 자신의 것보다 큰 타인의 성기를 보는 것을 의미하며(최소한 내 환자의 경우는 그랬다), 이들은 바로 이것을 시기한다. 또한, 또래와의 경쟁은 오이디푸스기에 있었던 아버지와의 가망 없는 경쟁 혹은 성차에 대한 불쾌한 인식을 암시한다.

그러나 어떤 면에서 이 두 가지 혼란은 서로 다르다. 구경꾼 역할을 고집하는 아이들은 상황이 변한다면 공부할 수 있는 능력을 회복한다: 그러나 진짜 억제의 경우에는 환경의 영향을 거의 받지 않는다. 전자에 속했던 한 어린 소녀는 외적 이유 때문에 어느 정도 기간 동안 초등학교를 가지 못하게 되었다. 학교 다닐 적에는 습관적으로 〈구경〉을 하던 소녀는 개인 과외를 받았고 다른 아이들과 함께 있을 때에는 전혀 이해하지 못했던 놀이와 수업에 순식간에 통달했다. 이와 같은 완전한 전환을 보인 다른 일곱 살 소녀의 예도 있다. 학교를 그만두고 소녀는 약간의 과외를 받았다. 집에서의 수업 시간에 그녀는 정상적으로 행동했고 어떤 억제의 징후도 보이지 않았으나, 학교에서는 똑같은 것을 배우면서도 좋은 성적을 전혀 내지 못했다. 이렇게 이 두 어린 소녀들은 다른 아이들과 성취를 비교당하지 않는 한 공부를 할 수 있었다. 내가 분석했던 소년이 어린 친구들과는 잘 놀면서 자신보다 나이 많은 친구들과는 놀지 못했던 것처럼 말이다. 겉으로 보기에 이런 아이들은 문제되는 그 활동이 외적이자 내적으로 금지되어 있는 것처럼 행동한다. 그러나 사실은 특정 행동이 불쾌한 인상을 일으키자마자 자동적으로 중단되는 것이다. 이 아이들의 정신적 상황은 어린 소녀들이 발달에 있어 특정한 전환점을 지날 때 보이는 특징 — 여성성 연구를 통해서 알게 된 — 과 유사하다.[21] 처벌에 대한 두려움이나 양심의 불안과는 상관없이, 여자아이들은 특정 시기에 음핵의 자위를 포기함으로써 남성성의 추구를 제한한다. 이들의 자기애는 더 나은 자위 기관을 갖춘 남자아이들과 자신을 비교할 때 손상되며, 따라서 이들은 그러한 행위에 몰두함으로써 불리한 상황을 계속 상기하고 싶지 않은 것이다.

이렇게 자아에 제한을 가하는 것이 오로지 타인에 비해 열등하다는 깨달음, 다시 말해서 실망과 낙담에서 기인한 불쾌를 회피하기 위한 것이라고 가정하는 것은 잘못일 것이다. 어떤 열 살 소년을 분석하면서 나는 그러한 행동의 제한이 일어나는 것을 관찰하였는데, 이는 즉각적인 객관적 불안을 회피하기 위한 일시적 증상이었다. 그러나 이 소년의 경우 불안이 일어난 이유는 정반대였다. 분석의 특정 국면 동안 그는 훌륭한 축구 선수가 되었다. 뛰어난 실력을 고학년들이 알아보았고 그가 훨씬 어렸음에도 불구하고 참으로 기쁘게도 경기에 끼워 주었다. 오래 지나지 않아 소년은 다음과 같은 꿈을 꾸었다. 축구를 하고 있었는데 한 큰 형이 공을 너무 세게 차서 소년은 공에 맞지 않기 위해

---

**21** 프로이트, 『새로운 정신 분석 강의』(1933)

서 펄쩍 뛰어야 했다. 그는 불안을 느끼며 잠에서 깼다. 이 꿈의 해석을 통해서 큰 형들과 어울린다는 자랑스러움이 곧 불안으로 바뀌었다는 것이 드러났다. 그는 형들이 자신의 실력을 질투하여 공격적이 되지는 않을까 두려워했다. 축구 실력 덕에 스스로 창조해 냈던, 처음에는 쾌락의 원천이었던 상황이 이제 불안의 진원지가 된 것이다. 얼마 지나지 않아 잠에 들 무렵 떠오른 환상 속에서 같은 주제가 다시 나타났다. 소년은 다른 소년이 커다란 축구공으로 자신의 다리를 때려서 부러뜨리려 하는 것을 본 것 같았다. 공이 그에게 돌진했고 침대 속에서 그는 발을 보호하기 위해서 발을 휙 끌어당겼다. 우리는 이 소년을 분석하면서 그에게 발이 특별한 의미가 있다는 것을 알고 있었다. 냄새가 나며 뻣뻣하고 올라갔다 내려갔다 한다는 특성 때문에 발은 음경을 표상하게 된 것이다. 이 꿈과 환상은 축구에 대한 그의 열정을 억눌렀다. 그는 더 이상 축구를 잘하지 못했고 축구 덕분에 받아온 감탄이 금세 사라졌다. 이러한 철수의 의미는 다음과 같다. 〈어쨌든 나는 이제 축구를 못하니, 내 발을 부러뜨릴 필요도 없어.〉

그러나 이 과정은 그의 자아를 한 방향에서 제한하는 것으로 끝나지 않았다. 축구를 포기하자 갑자기 완전히 다른 능력이 발달하기 시작했다. 항상 지녀왔던 문학 및 창작에 대한 소질이 드러났던 것이다. 그는 내게 시를 읽어 주곤 했는데, 그중 일부는 직접 쓴 것이었다. 또한 겨우 일곱 살 때 썼던 짧은 이야기를 들고 오기도 하였으며, 작가가 되고자 하는 야심찬 계획을 세웠다. 축구 선수가 작가로 변신한 것이다. 이 시기의 분석 회기 중 하나에서 그는 다양한 남성적 직업과 취미들에 대해 어떻게 생각하는지 보여 주기 위해서 도표를 그렸다. 그 한가운데에는 문학을 나타내는 커다란 점이 찍혀 있었고 그 주변으로 원을 그리며 여러 과학 분야가 나열되었다. 반면에 현실적 직업들은 중심에서 더 먼 곳에 점 찍혀 있었으며, 이 도표의 맨 위쪽 구석에는 작은 점 하나가 있었다. 이 점은 운동을 나타내고 있었는데, 이는 얼마 전까지만 해도 그의 마음속에 참으로 큰 자리를 차지하던 것이었다. 그리고 그가 지금 운동에 대해 느끼는 극도의 경멸을 보여 주고 있었다. 인상적이게도, 이처럼 단지 며칠 만에 합리화와 비슷한 과정을 통해서 다양한 활동에 대한 의식적 평가가 불안에 영향을 받았다. 이 시기에 그가 보여 준 문학적 성취는 정말로 놀라웠다. 축구를 그만두자 자아 기능에 공백이 생겼고 이 공백이 다른 방향에서의 매우 풍성한 창조로 채워졌던 것이다. 예상했던 대로 아버지와의 경쟁이 재활성화된 것이 큰 형들이 자신에게 복수할 것이라는 생각으로 인한 갑작스러운 불안의 원인이었다는 것이 분석을 통해서 밝혀졌다.

어떤 열 살 소녀가 잔뜩 설레어 하며 첫 번째 댄스파티에 갔다. 소녀는 심사숙고해서 고른 새 드레스와 신발로 멋을 냈고, 파티에서 가장 눈에 띄고 가장 잘생긴 소년과 첫눈에 사랑에 빠졌다. 우연하게도 소년과 소녀는 성이 같았고, 소녀는 비록 둘이 처음 만났지만 분명 비밀스러운 연분이 있을 것이라고 상상하기 시작했다. 소녀는 그에게 접근했지만 반응은 차가웠다. 사실 둘이 같이 춤출 때 소년은 그녀가 굼뜨다며 놀렸다. 소녀는 실망했고, 충격과 굴욕을 느꼈다. 이때부터 소녀는 파티를 피하기 시작했으며, 옷에 관심을 잃었고, 춤도 배우려고 하지 않았다. 잠깐 동안 소녀는 다른 아이들이 춤추는 것을 보는 데서 기쁨을 얻었는데, 춤을 같이 추자는 제안은 모두 거부하며 진지하게 바라보기만 했다. 조금씩 소녀는 사교와 관련된 모든 생활을 극단적으로 경멸하게 되었다. 그러나 앞의 축구 선수처럼 그녀는 이러한 자아의 제한을 다른 방식으로 보상했다. 여성적 관심사를 포기한 그녀는 이제 지적인 측면에서 다른 사람을 능가하기 시작했고, 이와 같은 우회적인 방식으로 마침내 또래 남자 아이들의 존경을 받았다. 이후에 분석을 통해서 성이 같았던 소년에게 받았던 퇴짜는 그녀에게 있어 유아기 때 있었던 외상적 경험의 반복이었다는 사실이 드러났다. 그 상황에서 그녀의 자아는 앞서 서술한 사례에서처럼 불안이나 죄책감이 아니라 경쟁 실패로 인한 강렬한 불쾌로부터 도피했던 것이다.

이제 억제와 자아의 제한 사이의 차이에 대해서 살펴보자. 신경증적 억제에 시달리는 사람은 금지된 본능적 충동이 행동으로 변환되는 것, 다시 말해서 어떤 내적 위험으로 인해 불쾌가 풀려나는 것으로부터 자신을 방어하고 있다. 공포증에서처럼 심지어 불안과 방어가 외부 세계와 연관된 것처럼 보일 때조차 사실 두려운 것은 내부에서 진행되는 과정이다. 그는 거리를 걷지 않으려 하는데, 이전에 자신을 습격했던 유혹에 노출되지 않기 위해서다. 불안을 일으키는 동물 가까이 가지 않는데, 동물 그 자체가 아니라 이 동물과 마주치면 일어날지도 모르는 공격적 성향 및 그 성향이 야기할 결과로부터 스스로를 보호하기 위해서다. 반면 자아의 제한의 경우, 주체는 현재의 불쾌한 외부적 인상을 밀어내는데, 이것이 과거의 비슷한 인상을 되살아나게 할지도 모르기 때문이다. 억압 기제와 부인 기제 사이의 비교를 돌이켜보자면, 억제와 자아의 제한의 차이는 전자의 경우 자아가 방어하는 것은 내적 과정이지만, 후자의 경우 외적 자극이라고 말할 수 있을 것이다.

위와 같은 근본적 구분점 외에도 이 두 정신적 상황 사이에는 다른 차이점들도 있다. 신경증적으로 억제된 모든 활동 뒤에는 본능적 소망이 존재한다. 각각의 이드 충동이 그 목표를 달성하기 위해서 고집스레 애쓰기 때문에, 단순한 억제 과정이 고착된 신경증 증상으로 변형된 것이다. 그리고 이는 이드의 소망과 자아가 구축한 방어 사이의 영구적 갈등을 보여 준다. 환자는 이 투쟁에 에너지를 소모한다. 이드 충동이 거의 변형되지 않은 채 계산하고, 사람들 앞에서 연설하고, 바이올린을 켜고자 하는 등등의 소망에 달라붙으며, 자아는 이드만큼 꾸준하게 그 소망의 실현을 방지하거나 최소한 이를 망쳐 놓으려 한다.

그러나 객관적 불안 혹은 불쾌로 인해 자아의 제한이 발생할 때에는 방해된 활동에 대한 고착은 일어나지 않는다. 여기에서 강조점은 활동 그 자체가 아니라 그 활동이 유발하는 불쾌 혹은 쾌락에 있다. 쾌락을 추구하고 불쾌를 피하기 위해서 자아는 기꺼이 가진 모든 능력을 활용한다. 자아는 불쾌나 불안을 풀려나게 하는 활동을 중단하며, 더 이상 그러한 활동에 관여하고자 하지 않는다. 이 활동과 연관된 모든 관심이 사라지며, 자아가 이로 인해 불행한 경험을 하였다면 자신의 모든 에너지를 그와 전적으로 반대되는 특성을 추구하는 데 쏟을 것이다. 우리는 이러한 일이 어린 축구 선수가 문학으로 돌아서고, 춤을 좋아하던 소녀가 상을 받을 정도로 훌륭한 학자가 되었던 사례에서도 일어나고 있음을 볼 수 있다. 물론, 이 사례들에서 자아가 없던 능력을 만들어 내지는 않았다. 이미 지녔던 능력을 활용했을 뿐이다.

불쾌를 피하기 위한 방법으로서 자아의 제한은 다양한

형태의 부인처럼 신경증의 심리학 보다는 자아 발달의 정상 단계에 속한다. 자아가 아직 어리고 유연할 때에는 한 활동 영역에서의 철수는 때때로 자아가 집중하는 다른 영역에서 탁월한 모습을 보이는 것으로 보상된다. 그러나 자아가 경직되거나 이미 불쾌를 견딜 수 없게 되어 도피라는 방법에 강박적으로 고착되어 있다면, 이러한 철수로 인해 발달의 손상이 일어난다. 차례차례 하나의 영역씩 포기해 가면서 자아는 점점 더 편협해지고, 너무도 많은 관심을 잃어버리게 되며, 빈약한 성취밖에 이루어내지 못하는 것이다.

교육 이론은 아직 유아적 자아가 지닌 불쾌를 피하려는 성향을 충분히 고려하고 있지 못하며, 최근의 많은 교육 실험이 실패한 이유가 바로 이것이다. 현대적 교육 방식이란 자라나고 있는 아이의 자아에게 점점 더 많은 행동의 자유를 주는 것이며, 다른 무엇보다 자아가 자신의 관심과 활동을 자유롭게 선택할 수 있도록 하는 것이다. 이들은 그렇게 하면 자아가 더 잘 성장할 뿐 아니라 다양한 형태의 승화가 일어날 수 있을 것이라고 생각한다. 그러나 잠재기의 아이들은 본능의 직간접적 만족보다는 불안 및 불쾌의 회피를 더 중요하게 생각하는 것 같다. 많은 경우 외부에서 이끌어 주지 않는다면 이들의 직업 선택은 자신이 지닌 특별한 재능과 승화 능력이 아니라 가능한 빨리 불안과 불쾌로부터 벗어나고자 하는 바람에 의해서 결정된다. 그렇게 될 경우, 교육자들에게는 충격적이게도 선택의 자유는 인격의 개화가 아니라 자아의 빈곤화를 일으킬 것이다.

이 장에서 서술한 사례들에서 보였던 객관적 불쾌 및 위험에 대한 세 가지 방어 수단은 신경증을 예방하려는 유아의 노력 — 혼신을 다한 — 을 보여 준다. 고통을 피하기 위해서 유아는 불안의 발달을 저지하고 스스로의 자아를 변형시킨다. 게다가 유아적 자아가 동원하는 보호 수단 — 그것이 뛰어난 신체적 능력으로부터 지적 성취로의 도피든, 아니면 남성과 동등한 위치에 서고자 하는 여성의 확고한 결심이든, 혹은 주체 자신보다 약한 사람들과만 관계를 맺으려하는 활동의 제한이든 간에 — 은 성인이 되면 온갖 종류의 공격에 노출된다. 자아는 사랑 대상의 상실이나 질병, 가난, 혹은 전쟁과 같은 재난 때문에 삶의 방식을 바꿔야 할 수도 있다. 그리고 이때 자아는 다시 한 번 원래의 불안 상황을 대면하게 된다. 그리고 불안에 대한 통상적 보호책의 상실은 습관적인 본능적 만족이 좌절되는 경우처럼 신경증의 즉각적인 원인이 될 것이다.

아이들은 여전히 타인에게 많이 의존하고 있기 때문에, 어른들과의 관계에 따라 신경증이 형성될 수도 있고 그렇지 않을 수도 있다. 자유방임주의 학교에서 아무것도 배우지 못하고 다른 아이들이 하는 것을 바라보거나 그림을 그리면서 시간을 온통 보내는 아이는 더 엄격한 학풍의 학교로 옮기면 〈억제〉되어 버린다. 좋아하지 않는 행동을 하도록 타인이 엄격하게 강요한다면 아이는 이 상태에 고착될 수도 있지만, 불쾌를 피할 수 없다는 사실이 이를 해결하는 새로운 방법을 찾게 만들 수도 있다. 반면에 만약 외적 보호가 주어진다면 완전히 발현된 증상 혹은 억제 역시 변형될 수 있다. 아이가 비정상적이라는 사실을 발견하고 불안을 느끼고 자존감에 상처를 입은 어머니는 아이를 보호할 것이고, 아이가 불쾌한 외적 상황과 마주치지 않도록 지킬 것이다. 이때 아이의 증상에 대한 어머니의 태도는 불안 발작을 대하는 공포증 환자의 모습과 정확하게 일치한다. 억지로 행동의 자유를 제한함으로써 어머니는 아이를 도피시키고 고통을 회피할 수 있도록 해주는 것이다. 불안과 불쾌를 피하려는 어머니와 아이의 공동 노력 덕분에 아무런 증상도 나타나지 않을 수 있는데, 이는 유아 신경증에서 아주 흔한 일이다. 이러한 경우 보호를 완전히 걷어내기 전까지는 증상의 정도를 객관적으로 판단하는 것이 불가능하다.

3부

**두 유형의 방어 사례**

9장

# 공격자와의 동일시

방어 기제들이 각자 독립적으로 작동하고 오로지 특정 위험과만 갈등을 일으키는 한, 자아가 습관적으로 동원하는 방어 기제를 발견하는 것은 상대적으로 어렵지 않다. 부인 기제가 외부 위험에 대한 반응이라는 것을 우리는 알고 있다. 억압이 일어난다면 자아가 내적 자극과 투쟁하고 있는 것이다. 그러나 억제와 자아의 제한은 겉에서 보면 많이 비슷하기 때문에 이 과정이 외부적 갈등의 일부인지 아니면 내부적 갈등의 일부인지 구분하는 것은 조금 애매하다. 여러 방어 기제들이 결합되거나 혹은 하나의 방어 기제가 어떤 때에는 내적 세력에 대항하고 또 어떤 때에는 외적 세력에 저항한다면 문제는 훨씬 더 복잡해진다. 문제가 되는 이 두 가지 경우에 대한 훌륭한 예가 바로 동일시 과정이다. 초자아 발달에 필요한 요소 중 하나로서 동일시는 본능 제어에 기여한다. 그러나 내가 앞으로 보여 주려고 하는 것처럼, 이 기제가 다른 기제들과 결합하면 불안을 일으키는 외부 대상을 다루어 내는 자아의 가장 강력한 무기 중 하나가 된다.

아우구스트 아이크호른은 이런 이야기를 한 적이 있다. 아동 지도 위원회 자문 역할을 하고 있을 때 한 초등학생 사례를 맡게 되었다고 한다. 이 아이는 얼굴을 자꾸 찌푸리는 습관 때문에 그를 만나러 왔다. 담임 교사는 꾸중하거나 타이를 때 아이가 하는 행동이 비정상적이라고 호소했다. 그럴 때마다 얼굴을 찌푸렸는데 이 때문에 반 전체가 웃음을 터트리곤 했던 것이다. 담임은 아이가 의도적으로 자신을 놀리고 있거나 그것이 아니라면 이러한 얼굴 경련이 일종의 틱이 틀림없다고 생각했다. 그리고 이 증상은 그 즉시 확인되었는데, 아이가 상담 도중 얼굴을 찌푸리기 시작한 것이다. 그러나 아이크호른은 담임 교사 및 학생과 마주 앉자 상황을 이해할 수 있었다. 둘을 주의 깊게 관찰한 아이크호른은 소년의 찡그린 얼굴이 선생님의 화난 표정을 서투르게 모방한 것에 불과하다는 사실을 알아차렸다. 선생님의 비난을 대면하자 아이는 무심결에 선생님을 모방함으로써 불안을 통제하려고 시도했던 것이다. 소년은 선생님의 분노와 동일시했고, 의식하지 못한 채 말할 때의 선생님 표정을 모방했다. 찡그린 표정을 통해서 소년은 자신이 무서워하는 외적 대상과 동화하고 동일시했던 것이다.

독자들은 마술적 동작으로 남근 선망과 연관된 굴욕을 이겨 내려 했던 작은 소녀의 사례를 기억할 것이다. 이 아이는 위 소년이 무심결에 동원한 기제를 의도적이고 의식적으로 이용했다. 집에서 소녀는 어두컴컴한 거실을 가로질러 가는 것을 두려워했는데, 유령을 볼지도 모른다는 공포 때문이었다. 그러나 문득 어떤 생각을 해내고 나서는 이러한 문제가 사라졌다. 소녀는 이제 온갖 괴상한 동작을 지으며 거실을 내달렸다. 얼마 지나지 않아 소녀는 동생에게 불안을 어떻게 극복했는지에 대해서 자랑스럽게 이야기해 주었다. 「하나도 걱정할 필요 없어.」 소녀는 말했다. 「마주칠 지도 모르는 유령인 척하면 되거든.」 소녀의 마술적 동작은 자신이 상상한 유령의 움직임을 표상했던 것이다.

앞의 두 아이가 보여 주는 유형의 행동을 단순한 개인적 개성으로 간주할 수 있을지도 모른다. 그러나 이는 원시적 자아에게 있어 진실로 가장 자연스럽고 보편적인 행동 양식 중 하나며, 원시적 종교 의식 및 영혼을 불러내거나 쫓아내는 원시적 방법에 대해서 연구하는 사람들 역시 이러한 유형의 행동에 대해 오래전부터 잘 알고 있었다. 더 나아가 아이들의 많은 놀이 속에서도 주체가 무시무시한 대상으로 변신함으로써 불안이 안전한 쾌락으로 바뀐다. 또한 이는 아이들이 좋아하는 역할 놀이를 이해할 수 있는 또 다른 관점이 될 수 있다.

그러나 적을 신체적으로 모방하는 것은 복합적인 불안 경험의 오직 일부만을 소화해 낼 수 있을 뿐이다. 관찰을 통해서 우리는 다른 요소 역시 처리되어야 한다는 것을 알게 되었다.

지금까지 몇 차례 언급했던 그 여섯 살 환자는 치과 치료를 여러 번 받아야 했다. 처음에는 모든 것이 좋았다. 치료는 아프지 않았고, 아이는 의기양양해져서 다른 사람들이 치과를 무서워하는 것을 놀려 댔다. 그러다가 마침내 소년이 극도로 언짢아하며 치료실에 나타났다. 이번엔 치과 의사 선생님이 아프게 했던 것이다. 그는 신경질적으로 툴툴대면서 치료실 안의 물건들에 감정을 발산해 냈다. 첫 희생물은 지우개였다. 그는 지우개를 달라고 하더니 내가 거절하자 칼을 꺼내서는 지우개를 반으로 자르려고 했다. 다음으로는 커다란 노끈 뭉치를 탐냈다. 이것도 달라고 하더니, 그것을 동물들 목끈으로 사용하는 생생한 그림을 그려서 내게 주었다. 내가 이번에도 거절하자 그는 칼로 노끈을 크게 한 조각 잘라 냈다. 그리고 이 조각을 사용하는 대신 몇 분 후부터 이를 잘게 끊어 내기 시작했다. 마침내 그는 노끈 조각들을 다 내던지고는 연필에 관심을 보이더니 연필을 뾰족하게 깎은 다음에, 끝을 부러뜨리고, 지치지도 않고 다시 깎아 댔다. 그가 〈치과 의사〉놀이를 하고 있다고 말하는 것은 정확하지 않을 것이다. 아이는 실제로 치과 의사 흉내를 내지는 않았다. 아이는 공격하는 인물과 동일시한 것이 아니라, 그 공격성과 동일시하고 있었다.

　다른 사례에서는 어린 남자아이가 가벼운 사고를 당한 직후 내게 왔다. 학교 운동장에서 시합을 하던 중 체육 선생님의 주먹에 부딪혀 벌러덩 넘어진 것이다. 사실 체육 선생님은 우연히 이 아이 앞에 주먹을 들고 있었다. 아이는 입술에서 피가 났고 얼굴이 조금 찢어졌는데, 손으로 얼굴을 막아서 이를 가리려 했다. 나는 그를 편안하게 해주고 마음을 가라앉혀 주려고 노력했지만, 회기를 마치고 그는 수심에 가득한 채 집으로 돌아갔다. 그러나 다음날 허리를 꼿꼿하게 세우고 단단히 무장한 채 회기에 나타났다. 머리에는 군인 모자를 쓰고 있었고 허리에는 장난감 칼을 찼으며 손에는 장난감 권총을 들고 있었다. 내가 놀라는 것을 보고 그는 간단히 이렇게 말했다. 「선생님과 놀 때 이렇게 있고 싶었어요.」 그러나 그는 놀지 않았다. 대신 자리 잡고 앉아서 어머니에게 편지를 썼다. 「사랑하는 엄마, 제발, 제발, 제발, 제발 약속했던 대로 주머니칼을 보내 주세요. 부활절이 되기 전에요!」 이 사례에서도 아이가 전날의 불안 경험을 제어하기 위해서 충돌한 그 체육 선생님 흉내를 내고 있다고 이야기할 수는 없다. 또한 선생님의 공격성을 모방하고 있는 것도 아니다. 남성적 속성인 무기와 갑옷은 명백하게 선생님의 힘을 상징화하고 있다. 마치 동물 환상에 담긴 아버지의 속성을 통해서 아이들이 어른의 남성성과 동일시하면서 자기애적 굴욕이나 실제 사고로부터 자신을 방어하듯 말이다.

지금까지 서술한 사례는 우리에게 아주 친숙한 어떤 과정을 보여 준다. 아이가 불안 대상의 어떤 특성을 내사하고 이를 통해 방금 겪은 불안 경험을 소화해 내는 것이다. 여기에서 동일시 혹은 내사 기제는 두 번째로 중요한 기제와 결합한다. 공격자 흉내를 내면서 공격자의 속성을 취하거나 그 공격성을 모방함으로써, 아이는 위협받는 사람으로부터 위협하는 사람으로 스스로를 변형시킨다. 『쾌락 원칙을 넘어서』(1920)에서는 불쾌하거나 외상적인 경험을 소화해 내는 수단으로서 수동적 역할에서 능동적 역할로의 변화의 중요성이 자세히 논의되고 있다. 〈만약 아이의 목을 들여다보고 뭔가를 떼어 낸다면, 이 무서웠던 경험은 분명 다음날 놀이의 주제가 될 것이다. 그러나 이와 연관해서 다른 원천에서 오는 쾌락의 산물이 존재한다는 사실을 간과해서는 안 된다. 경험의 수동성으로부터 놀이의 능동성으로 옮겨 가면서, 아이는 불쾌한 경험을 놀이 친구에게 전가하고 이러한 방식으로 이 대체물에게 복수한다.〉

아이들에게 있어 놀이에 적용되는 것은 다른 행동들에

도 역시 적용할 수 있다. 얼굴을 찡그렸던 소년이나 마술을 부렸던 소녀의 사례에서, 이들이 동일시했던 위협이 결국 어떻게 되었는지는 분명치 〈않다〉. 그러나 기분이 나빴던 두 소년의 경우, 치과 의사와 체육 교사로부터 넘겨받은 공격성은 세상 전반을 향했다.

이러한 변형 과정은 그 불안이 과거 사건이 아니라 미래에 일어날 것 같은 사건과 연관되어 있을 때 더 흥미롭게 다가온다. 나는 집 초인종을 맹렬하게 울려 대는 습관이 있었던 한 소년을 기억한다. 문이 열리자마자 소년은 왜 종소리를 듣지 못하고 이리도 늦게 나왔느냐고 하녀를 소리 높여 비난하곤 했다. 초인종을 누르고 화를 내는 그 사이에 소년은 사려 깊지 못하게 종을 크게 울려 댄다고 비난받을지도 모른다는 불안을 느꼈다. 그래서 자신의 행동을 비난할 틈을 주지 않고 하녀를 꾸짖었던 것이다. 꾸짖음 — 이는 일종의 예방 수단이었다 — 의 맹렬함은 그가 느꼈던 불안의 강도를 보여 준다. 이때 공격성은 대체물이 아니라 자신을 공격할지도 모르는 바로 그 사람을 향했다. 공격하는 사람과 공격받는 사람의 역할 역전이 이 사례에서는 논리적 귀결을 따른 것이다.

제니 밸더는 자신이 치료한 다섯 살 소년의 사례[22]에

22  빈에서 열린 소아 분석 세미나에서 발표되었다(1946년 홀의 논문을 참고

서 이 과정을 생생하게 그려 냈다. 분석이 자위 및 그와 연관된 환상과 결부된 자료들을 건드리려고 하자, 보통 수줍어하면서 억제되어 있던 이 소년이 맹렬하게 공격적인 모습을 보였다. 통상적인 수동적 태도가 없어졌고 여성적 특성은 흔적도 없이 사라졌다. 분석 시간에 소년은 포효하는 사자 흉내를 내면서 분석가를 공격했다. 소년은 막대기를 가지고 다니면서 〈크람푸스〉[23] 놀이를 했다. 층계와 집과 분석실에서 막대기를 이리저리 마구 휘두르고 다녔던 것이다. 할머니와 어머니는 그가 막대기로 얼굴을 치려고 한다고 호소했다. 어머니의 근심은 아이가 부엌칼을 휘두르기 시작했을 때 절정에 달했다. 분석을 통해 나는 아이의 공격성을 본능적 충동의 억제가 풀린 탓으로 설명할 수 없다는 것을 알게 되었다. 남성적 성향의 방출은 아직 머나먼 이야기였다. 그는 단지 불안에 시달리고 있었던 것이다. 이전과 최근의 성적 행동을 의식으로 데려왔던 일, 그리고 이에 대한 고백 때문에 소년은 처벌을 받을지도 모른다고 생각했다. 경험에 따르면 어른들은 그런 짓에 몰두하는 아이들을 보면 화를 냈다. 소리를 질렀고 따귀를 때리거나 회초리로

하라).

**23** 니콜라스 성인과 함께 다니던 악마로서, 말 안 듣는 아이들을 혼내 주었다고 한다 — 옮긴이주.

두들겨서 더 이상 그 짓을 못하게 했다. 어쩌면 칼로 몸의 일부를 잘라내 버릴지도 몰랐다. 능동적 역할을 취했을 때, 그러니까 사자처럼 소리를 지르고 막대기와 칼을 이리저리 휘둘렀을 때 내 어린 환자는 두려워하는 처벌을 극화하면서 선수를 치고 있었던 것이다. 소년은 눈빛으로 죄책감을 느끼게 만드는 어른들의 공격성을 내사하였고, 수동적 역할을 능동적 역할로 바꾸었으며, 이를 통해 어른들을 향해 공격적인 행동을 했다. 위험하다고 생각하는 자료를 막 이야기하려고 할 때마다 공격성은 증가하였다. 그러나 금지되었던 생각과 감정들이 터져 나온 후 이에 대해서 논의하고 해석하자마자, 소년은 그때까지 항상 들고 다니던 막대기로 〈크람푸스〉 놀이를 할 필요를 더 이상 느끼지 못하였으며, 이제 내 집에 막대기를 놔두고 다녔다. 동시에 남을 때리려고 했던 강박 행동 역시 맞을지도 모른다는 불안과 함께 사라졌다.

〈공격자와의 동일시〉에서 우리는 초자아 발달에서 결코 드물지 않은 상황과 마주친다. 방금 서술했던 두 소년이 스스로를 어른의 처벌 위협과 동일시했을 때, 이들은 초자아 조직 형성을 향한 중요한 한걸음을 내딛은 것이다. 자신의 행동에 대한 타인의 비판을 내면화하고 있었던 것이다. 아이가 꾸준하게 이러한 내면화 과정을 반복하고, 양육을 맡은 사람들의 특질을 내사함으로써 나름의 성격과 관점을 형성해 간다면, 초자아가 그 모습을 갖춰 나갈 수 있는 재료가 계속 공급된다. 그러나 이 시기 아이들은 초자아 조직의 존재를 전심으로 받아들이지는 못한다. 내면화된 비판은 아직 자기비판으로 즉각적으로 변형되지는 않는다. 앞의 사례에서 보았듯, 〈비판〉은 아이가 행한 비난받을 만한 행동에서 해리되어 외부 세계로 되돌아간다. 새로운 방어 수단을 통해서, 공격자와의 동일시에 뒤이어 외부 세계에 대한 공격이 일어나는 것이다.

여기 이러한 새로운 방어 과정의 발달에 빛을 던져 줄 더 복잡한 사례가 하나 있다. 오이디푸스 콤플렉스가 극도에 다다른 한 아이가 어머니에 대한 고착을 억제하기 위해 바로 이 기제를 동원했다. 어머니와의 행복했던 관계는 분노 폭발 때문에 혼란에 빠졌다. 아이는 수많은 이유로 어머니를 격정적으로 비난했는데, 모호한 질책 한 가지가 변함없이 반복되었다. 어머니가 너무 호기심이 많다고 꾸준하게 불평했던 것이다. 여기에서 금지된 감정을 처리하려는 첫걸음이 쉽게 확인된다. 환상 속에서 소년의 어머니는 아들의 리비도적 감정을 알고 화를 내며 아들이 다가오지 못하게 했다. 그리고 어머니의 분노는 소년이 어머니에게 발작적으로 화를 내는 것을 통해 능동적으로 재현되었다. 그러나 제니 밸더의 환자 경우와는 대조적으로 이 소년은 두루뭉술하게가 아니라 호기심이라는 한정된 이유로 어머니를 책망했다. 분석을 통해 이 호기심은 어머니가 아니라 소년 자신의 본능 생활 속에 있는 요소라는 것이 밝혀졌다. 어머니와의 관계 속에 개입된 모든 본능적 요소들 중에서 관음증적 충동을 제어하는 것이 가장 힘들었던 것이다. 이렇게 역할의 역전이 완결되었다. 소년은 어머니의 분노를 취했고, 그 대신 자신의 호기심을 어머니에게 부여했다.

저항의 특정 국면에서 한 젊은 환자가 입을 다물고만 있다는 이유로 분석가를 통렬하게 비난했다. 그녀는 분석가가 너무도 말이 없다고 불평하면서 개인적 문제를 자꾸 질문하며 분석가를 괴롭혔는데, 아무런 대답도 듣지 못하자 비참해졌다. 그럴 땐 잠깐 멈추곤 했지만 얼마 지나지 않아 비난은 다시 시작되었고, 그렇게 정형화된 반복 패턴을 보였기에 이제 거의 자동적으로 보일 지경이었다. 이 사례에서 우리는 두 단계의 정신 과정을 탐지할 수 있다. 말하지 못하도록 만드는 어떤 억제 때문에 환자는 아주 사적인 내용을 이야기하는 것을 때때로 의식적으로 억눌렀다. 그녀는 분석의 근본 원칙을 어기고 있다는 것을 알고 있었고 분석가가 자신을 나무랄 거라고 예상했다. 환자는 이렇게 상상한 비난을 내사했고, 능동적 역할을 맡아 이를 분석가에게 쏟아 냈다. 그녀가 공격적이 되는 순간은 말이 없어지는 순간과 정확하게 일치했다. 죄책감을 느끼는 바로 그 잘못에 대해 분석가를 비난했던 것이다. 환자 자신의 숨기는 행동이 비난당해 마땅한 분석가의 행동으로 지각되었다.

또 다른 젊은 환자는 주기적으로 발작적인 폭력적 공격성을 드러내곤 했는데, 나 자신뿐 아니라 부모, 그리고 주변 사람들이 거의 동등하게 그 분노의 대상이 되었다. 그런데 그녀가 끊임없이 불평하는 두 가지가 있었다. 첫째, 이 국면 동안 그녀는 모두들 아는데 자신만 모르는 어떤 비밀을 사람들이 감추고 있다고 항상 느꼈다. 그리고 그것이 무엇인지 알고 싶은 욕망 때문에 애가 탔다. 둘째로, 그녀는 모든 친구들에게서 단점이 보여 깊이 실망했다. 앞서 서술한 사례에서 환자가 마음을 감춘 시기가 분석가의 말없음을 비난하는 시기와 일치했던 것처럼, 이 환자는 의식하지 못하고 있었던 억압된 자위 환상이 의식으로 떠오르려고 할 때마다 자동적으로 공격성을 드러냈다. 사랑하는 대상에 대한 비난은 어린 시절의 자위 때문에 그들로부터 받을 것이라 예상하는 비난에 상응했다. 그녀는 이 비난과 완전히 동일시하였고, 외부 세계로 이 비난을 되돌렸던 것이다. 모든 사람이 감추는 비밀은 바로 자신의 자위라는 비밀이었으며, 이를 타인 뿐 아니라 자신에게도 숨겼다. 여기서 다시, 이 환자의 공격성은 타인〈의〉 공격성에 상응하며, 타인의 〈비밀〉은 그녀 자신의 억압이 반영된 것이다.

이러한 세 사례를 통해 우리는 초자아 기능 발달에 있어 이 특정 국면이 어떻게 형성되는지 생각해 볼 수 있다.

외부의 비판이 내사되었을 때라도, 저지른 잘못과 처벌의 위협은 아직 환자 마음속에서 연결되지 않은 상태이다. 비판이 내면화되는 순간 잘못은 외부화되는 것이다. 이는 공격자와의 동일시 기제가 또 다른 방어 수단, 즉 죄책감의 투사를 통해 보완된다는 것을 의미한다.

투사라는 방어 기제의 도움을 받아 이러한 노선으로 발달해 가는 자아는 자신을 비판하는 권위를 내사하여 이를 초자아 속으로 함입한다. 이제 자아는 금지된 충동을 외부로 투사할 수 있게 된다. 초자아는 우선 타인에게 엄격하고 그 후에 스스로에게 가혹해진다. 초자아는 어떤 일이 비난받을 만한 것인지 배워 가고, 투사라는 방어 기제를 통해서 불쾌한 자기비판으로부터 스스로를 보호한다. 타인의 잘못에 대한 격렬한 분개는 스스로 느끼는 죄책감의 전구체이며 대체물이다. 자신의 죄책감에 대한 지각이 임박할수록 타인에 대한 분개는 자동적으로 증가한다. 초자아 발달에 있어서 이 단계는 도덕성 형성에 있어 일종의 예비적 국면이다. 진정한 도덕성은 초자아가 강제하는 규범으로 체화된 내면화된 비판이 자신의 잘못에 대한 자아의 지각과 일치할 때 시작된다. 그 순간부터 자아의 가혹성은 외부 대신 내부로 향하고, 주체는 타인을 조금 더 견딜 수 있게 된다. 그러나 초자아가 일단 이 발달 단계에 도달하면, 자아는 자기비판과 죄책감으로 인한 더 격심한 불쾌를 견

려내야 한다.

상당히 많은 사람들에게서 초자아 발달은 중간 단계에 정지한 채 비판 과정의 완전한 내면화에 결코 도달하지 못한다. 죄책감을 인식하면서도 이들은 타인에게 특히 공격적인 태도를 보인다. 그러한 경우 타인에 대한 초자아의 행동은 우울증 환자의 초자아가 그 자아에게 취하는 태도만큼 무자비하다. 아마도 이렇게 초자아 발달이 억제된다는 것은 우울 상태[24] 발달의 시작이 수포로 돌아갔다는 것을 의미할 것이다.

〈공격자와의 동일시〉는 한편으로 초자아 발달의 예비적 국면을 나타내며, 다른 한편으로는 편집증 발달의 중간 단계이기도 하다. 이는 동일시 기제 측면에서는 전자를 닮았고, 투사 기제 측면에서는 후자를 닮았다. 동시에 동일시와 투사는 자아의 정상 활동에 속하며, 어떤 상황에 동원되느냐에 따라 다양한 결과를 낳는다.

우리가 〈공격자와의 동일시〉라고 명명한 이 내사와 투사의 고유한 결합은 자아가 이 기제를 오로지 권위와의 갈등 상황, 다시 말해서 불안 대상을 다룰 때에만 사용하는

---

**24** 안나 프로이트는 〈melancholic state〉라는 용어를 쓰고 있다. 이는 멜라니 클라인의 우울 자리depressive position를 의미하는 것으로 보인다 — 옮긴이주.

한 정상으로 간주할 수 있다. 그러나 이 기제가 개인의 애정 생활에까지 개입하기 시작한다면 이는 더 이상 무해할 수 없고 병리적인 것이 된다. 한 남편이 외도하고자 하는 충동을 아내에게 전치시키고 이를 이유로 아내를 격렬하게 비난한다면, 그는 실제로 아내의 비난을 내사하고 자신의 이드 중 일부를 투사하고 있는 것이다.[25] 그러나 그는 외부의 공격성으로부터 자신을 지키려고 하는 것이 아니라, 내부에서 유래한 혼란스러운 힘 때문에 아내에 대한 긍정적인 리비도적 고착이 산산조각 나는 것으로부터 자신을 보호하고 있다. 따라서 그 결과도 다르다. 외부 공격자에게 공격적 태도를 취하는 대신 환자는 아내에게 강박적으로 고착되고, 이는 질투의 투사라는 형태를 취하게 되는 것이다.

투사 기제가 동성애적 사랑 충동에 대한 방어로서 동원될 때, 이는 다른 기제들과 결합한다. 내사와 투사가 시작한 작업을 역전(이 경우 사랑의 증오로의 역전)이 마무리 짓는데, 그 결과 편집 망상이 일어난다. 각각의 경우 — 이성애적 혹은 동성애적 사랑 충동에 대한 방어 — 투사는 더 이상 임의적으로 일어나지 않는다. 자아는 자신의 무의식적 충동이 머무를 곳을 〈상대의 비슷한 무의식적 충동을 무

---

**25**  예를 들어 『질투, 편집증, 그리고 동성애의 몇 가지 신경증적 메커니즘』(프로이트, 1922)을 보라.

심코 드러내어 주는 지각적 자료〉[26]를 통해서 선택하는 것이다.

이론적 관점에서, 〈공격자와의 동일시〉 과정의 분석을 통해서 우리는 특정 방어가 동원되는 다양한 방식을 구별할 수 있다. 그리고 임상에서는 이를 통해 전이에 있어 불안 발작과 공격성의 폭발을 구분할 수 있다. 분석을 통해 환자 의식에 진정하고, 무의식적이며, 공격적인 충동이 떠오른다면, 그동안 막혀 있었던 감정이 전이에서의 제반응을 통해서 풀려날 것이다. 그러나 만약 환자의 공격성이 타인의 비판 — 이라고 그가 생각하는 것 — 과의 동일시로 인해 생겨난 것이라면, 그 감정을 〈실제로 표현〉하거나 〈제반응〉한다고 해도 아무런 변화도 일어나지 않을 것이다. 무의식적 충동이 금지되어 있는 한, 공격성은 증가한다. 그리고 자위를 고백했던 소년의 사례에서처럼 처벌 및 초자아에 대한 두려움이 해소된 이후에야 공격성은 사라질 수 있다.

---

26  같은 책.

10장

# 이타주의

투사 기제의 효과는 위험한 본능적 충동의 관념적 표상과 자아 사이의 관계를 끊어 내는 데 있다. 그런 의미에서 이는 억압 과정을 가장 많이 닮았다. 전치, 역전, 자기 향하기와 같은 다른 방어 과정은 본능 과정 자체에 영향을 미친다. 그러나 억압과 투사는 단지 그것을 지각하지 못하도록 만들 뿐이다. 억압은 불쾌한 관념을 이드로 되돌려 보내고, 투사는 이를 외부 세계로 전치시킨다. 투사가 억압을 닮은 다른 이유는 그 어떤 특정 불안 상황과도 연관되어 있지 않다는 데 있다. 이는 객관적 불안, 초자아 불안, 그리고 본능적 불안에 똑같이 반응한다. 영국 정신 분석 학파의 저자들은 어떤 억압도 일어나지 않은 생애 가장 이른 시기에 유아가 벌써 최초의 공격적 충동을 투사한다고 주장했다.

따라서 이들에 다르면 이 투사란 과정은 아이가 주변 세계를 어떻게 받아들이는가 하는 문제 뿐 아니라 인격 발달에 있어서 결정적으로 중요하다.

여하튼 투사 기제의 사용은 아동 자아 발달의 가장 이른 시기에는 아주 자연스러운 일이다. 아이들은 이 기제를 이용하여 위험해진 자신의 행동과 소망을 부인하며, 그에 대한 책임을 외부의 행위자에게 전가한다. 〈이상한 아이〉나 동물 혹은 사물들이 유아적 자아가 자신의 잘못을 처리하는 데 똑같이 유용하게 쓰인다. 유아적 자아가 금지된 충동과 소망을 투사를 통해서 끊임없이 제거하고, 이를 타인에게 전적으로 전가하는 일은 정상적이다. 만약 이러한 소망이 권위적 대상에 의한 처벌을 일으킨다면, 자아는 자신이 투사한 사람을 〈매맞는 아이〉로 내세운다. 반면 투사가 죄책감에 의해서 자극되었다면, 자아는 스스로를 비판하는 대신 타인을 고발한다. 이 각각의 경우에 자아는 대리자와 관계를 단절하고, 이들을 지나치게 편협하게 심판한다.

질투를 투사하고 공격적 행동을 타인의 탓으로 전가할 때, 이 투사 기제는 우리의 인간관계를 어지럽힌다. 그러나 이는 또한 다른 식으로 작용할 수도 있다. 소중한 긍정적 애착을 형성하고 이를 통해 서로 관계를 공고하게 만드는 것이다. 이러한 정상적이지만 눈에는 덜 띄는 투사 형태는 타인을 위한 본능적 충동의 〈이타주의적 포기〉라고 부

를 수 있을 것이다.[27]

다음은 이에 대한 사례다.

분석에서 한 젊은 가정 교사가 어린 시절에 두 가지 생각에 사로잡혔었다고 말했다. 그녀는 아름다운 옷을 가지고 싶었고 많은 아이들을 낳고 싶었다. 환상 속에서 그녀는 이러한 두 가지 소망 실현에 거의 강박적으로 몰두했다. 그러나 사실 원하는 것은 그 외에도 참으로 많았다. 나이가 훨씬 많은 친구들이 가지거나 해본 것을 다 가지고 싶고 해보고 싶었다. 사실 그녀는 친구들보다 훨씬 잘하고 싶었고 그들이 영리하다고 자신을 우러러보기를 원했다. 멈추지 않는 그녀의 〈나도!〉라는 외침은 친구들을 성가시게 했다. 그녀는 항상 다급하고 만족할 줄을 몰랐는데, 이는 그녀 욕망의 특징이었다.

성인이 된 후 사람들은 그녀의 겸손한 성격과 삶에 별다른 것을 요구하지 않는 모습에 충격을 받았다. 분석을 받으러 왔을 때 그녀는 미혼이었으며 아이 역시 없었고, 입성은 누추하고 평범했다. 그녀는 시기나 야망을 거의 드러내지 않았고 외적 환경 때문에 어쩔 수 없을 때에만 타인과 경쟁했다. 흔히 그러하듯, 그녀가 어린 시절에 예상했던 것과는 정반대 방향으로 성장했다는 것이 내 첫인상이었다.

---

**27** Altruistische Abtretung. 에드워드 비브링도 이 용어를 사용했다.

그녀의 소망은 억압되었고, 의식에서는 반동 형성을 통해서 대체된 것 같았다(존경에 대한 갈망 대신에 삼가는 태도, 야망대신에 겸손함). 그리고 이 억압은 성적 금지로 인한 것이며, 과시적 충동 및 아이에 대한 욕망 뿐 아니라 본능 생활 전체를 장악했다고 추측해 볼 수 있을 터였다.

그러나 내가 그녀를 알게 된 무렵에는 그녀의 행동에 이러한 인상과 모순되는 모습들이 있었다. 더 세밀하게 살펴보자 원래 소망이 여전히 남아 있다는 것이 확인되었는데 이는 만약 억압이 일어났다면 발견이 거의 불가능하였을 터였다. 성의 거부가 다른 동료 및 친구들의 애정 상황에 대한 열정적 관심을 막지는 못했다. 그녀는 열성 넘치는 주선자였고 많은 사람들이 자신의 애정 행각을 그녀에게 털어놓았다. 자신의 옷은 별로 신경 쓰지 않았으나 친구들 옷에는 열렬한 관심을 보였다. 아이가 없었으나 다른 사람들의 아이들에게 마음을 쏟았는데, 이는 직업 선택을 통해서도 드러났다. 사람들은 그녀가 친구들이 예쁜 옷을 사고, 감탄 받고, 아기를 낳는 데 비정상적일 정도로 많은 관심을 쏟는다고들 했다. 비슷하게도, 그녀는 수줍게 행동하면서도 사랑하는 남자를 갈망했고 그 남자의 출세에 극도의 관심을 보였다. 이는 마치 그녀가 삶에서 자신의 관심과 소망을 비워 내버린 것처럼 보였다. 분석을 받기 전까지 삶은 전적으로 무사 평온했다. 자신의 목표를 성취하기 위해서 노력하는 대신 그녀는 모든 에너지를 좋아하는 사람들의 경험에 공감하는 데 쏟아부었다. 자신만의 경험을 하는 대신에 타인의 삶 속에서 살았던 것이다.

유아기 때 부모와의 관계에 대한 분석을 통해 우리는 그녀에게 어떤 내적 변형이 일어났는지 분명하게 알 수 있었다. 이른 시기에 본능을 부정함으로써 예외적으로 가혹한 초자아가 형성되었으며, 이 때문에 자신의 소망을 만족시키는 것이 불가능했던 것이다. 야심찬 남성적 환상의 형태를 띠었던 남근 선망은 금지되었고, 아이를 향한 여성적 소망 뿐 아니라 아버지에게 벗은 모습이나 예쁜 옷을 입은 모습을 보여서 감탄을 받고 싶은 욕망 역시 금지되었다. 그러나 이 충동들은 억압되지 않았다. 이 충동들 각각을 담아놓을 대리물을 외부 세계에서 발견하였던 것이다. 이를테면 여자 친구들의 허영은 자신의 허영을 투사할 발판이 되었고, 리비도적 소망과 야망으로 가득한 환상들 역시 비슷한 방식으로 외부 세계에 기탁되었다. 앞장에서 서술했던 사례의 환자처럼 그녀는 금지된 본능적 충동을 타인에게 투사했던 것이다. 이 두 사례의 유일한 차이는 이후에 이 충동들이 다루어진 방식에 있었다. 이 사례에서 환자는 자신을 대리자에서 분리하지 않고 그들과 동일시했다. 그녀는 타인의 소망에 공감했고, 그 사람들과 자신 사이에서 비상하게 강력한 유대가 존재한다고 느꼈다. 자신의 자아와 연관된 특정한 본능적 충동을 경멸하던 그녀의 초자아는 놀랍게도 타인의 충동에는 관대했다. 그녀는 투사와 동일시 기전을 동원하여 타인의 만족을 함께 나눔으로써 자신의 본능을 만족시켰던 것이다.[28] 자신과 연관된 충동을 금지함으로써 수줍은 태도가 유발되었으나, 이를 일단 타인에게 투사하고 나면 그와 똑같은 소망을 실현하는 문제에 있어서 거리낌이 없었다. 따라서 타인을 위하여 자신의 본능적 충동을 포기하는 일은 이기적 의미를 지니고 있었으나, 타인의 충동을 만족시키기 위해 노력한다는 측면에서 그녀의 행동은 이타적이라고 부를 수밖에 없었다.

이렇게 자신의 소망을 타인에게 전가하는 행동은 그녀 인생 전체가 보여 주는 특징이었고, 소소했던 한 사건에 대한 분석을 통해서 우리는 그 유래를 아주 분명하게 확인할 수 있었다. 그러니까 열세 살 때 그녀는 언니 — 이 언니는 이전까지 특별한 질투의 대상이었다 — 의 친구 중 한 명과 사랑에 빠졌다. 문득 이 남자가 언니보다 자신을 좋아한다는 생각이 들었고, 사랑한다는 신호를 보내 주기를 항상 바랐다. 그러던 어느 날, 이전에도 종종 그랬던 것처럼 그녀는 자신이 무시당하고 있다는 것을 알아차렸다. 그 젊은이

---

**28** 이와 연관하여 파울 페데른의 〈공감적〉 동일시 개념(1926) 및 이와 연관된 언급을 비교해 보라.

가 저녁 산책을 하자며 언니를 불시에 불러내었던 것이다. 환자는 자신이 처음에는 실망에 몸이 굳었지만, 외출할 때 언니가 〈예쁘게〉 보이게 하기 위해서 갑자기 부산을 떨며 이것저것 가지고 왔던 것을 완벽할 정도로 분명하게 기억했다. 그러면서 환자는 더 없이 행복했고, 지금 외출 나가는 사람이 자신이 아니라 언니라는 사실을 완전히 잊어버렸다. 그녀는 애정에 대한 욕망과 감탄에 대한 갈망을 경쟁자에게 투사하였으며, 시기의 대상과 동일시함으로써 자신의 욕망이 실현되는 것을 즐겼던 것이다.

실현이 아니라 좌절이 문제가 될 때도 같은 과정이 일어났다. 그녀는 아이들에게 맛있는 것을 챙겨 주는 것을 좋아했다. 그런데 한번은 한 아이 엄마가 자기 아이한테는 특정 먹거리를 안 줬으면 좋겠다고 했다. 비록 먹는 즐거움에 무관심한 축이었음에도 불구하고, 어머니의 이 같은 거부는 그녀를 격렬히 분노하게 했다. 그녀는 아이 소망이 좌절되는 것을 마치 내 일처럼 느꼈다. 언니의 욕망이 실현되는 것을 대리적으로 기뻐하였듯 말이다. 그녀가 타인에게 양도한 것이 바로 자신의 욕망을 방해받지 않고 실현할 권리라는 사실은 분명했다.

같은 유형의 병리를 보인 또 다른 환자 사례에서 앞의 성향은 더 뚜렷하게 드러났다. 시아버지와 특별히 가까운 관계였던 한 젊은 여성이 시어머니의 죽음에 아주 이상하게 반응했다. 가족 내 다른 여자들과 함께 환자는 시어머니 옷가지를 처리하는 일을 맡았다. 그런데 다른 사람들과는 달리 환자는 시어머니 옷을 단 한 벌도 가지려 하지 않았다. 대신 형편이 좋지 않던 사촌에게 선물하려고 코트 한 벌을 챙겼다. 그런데 시어머니의 동생이 모피 깃을 잘라 내고 이 코트를 자신이 입었으면 했다. 그러자 그때까지 이 문제에 별로 관심도 없었고 시큰둥하던 환자가 갑자기 맹렬하게 분노했다. 그녀는 통상적으로 억제해 왔던 공격성을 드러내어 격노하면서 의도했던 대로 그 옷을 사촌이 가져야 한다고 주장했다. 이 사건에 대한 분석을 통해 환자가 시어머니의 소유물을 가질 수 없었던 것이 죄책감 때문이었다는 사실이 드러났다. 옷을 챙긴다는 것은 시아버지와의 관계에서 시어머니 자리를 자신이 대신하고픈 소망의 만족을 상징했다. 따라서 그녀는 자신을 위해서는 아무것도 원하지 않았고 사촌을 내세우면서 〈어머니〉의 후임자가 되고자 하는 욕망을 포기하였던 것이다. 그러나 그 과정에서 자신의 소망에 담긴 힘과 실망을 모두 느꼈고, 따라서 자신의 바람이 이루어져야 한다고 주장할 수 있었는데, 자신에 관한 문제였다면 절대로 그렇게 할 수 없었을 터였다. 자신의 본능적 충동에 대해서는 그토록 무자비한 태도를 취했던 초자아가 자신의 자아와 더 이상 연관되어 있지 않자 이 욕망을 승낙했던 것이다. 타인의 소망 실현이 문제일 때, 통상적으로 억제되어 왔던 공격적 행동이 갑자기 자기 동조적인 것이 되었다.

일단 우리가 방어를 위한 이러한 투사와 동일시의 조합에 주의를 기울인다면, 일상생활 속에서도 내가 앞서 서술했던 것과 비슷한 사례들을 수없이 만날 수 있다. 예를 들어 결혼에 대해서 양심의 가책을 느끼던 한 소녀는 여동생의 약혼을 이루기 위해서는 할 수 있는 모든 것을 다했다. 자신에게 돈을 쓸 때 강박적 억제에 시달리던 한 환자는 선물을 사야할 때는 씀씀이가 헤펐고 전혀 주저하지 않았다. 여행을 가고 싶었지만 불안 때문에 그렇게 하지 못하던 또 다른 환자는 갑자기 여행을 가라며 친구를 재촉했다. 이 모든 사례에서 환자가 여동생, 친구, 혹은 선물 받는 사람과 동일시하고 있다는 사실은 그들 사이에 갑작스럽게 생겨난 따스한 연대감을 통해서 증명되는데, 이는 환자 자신의 소망이 대리적으로 실현되는 한 유지된다. 〈중매쟁이 할머니〉에 대한 농담이나 〈오지랖 넓은 구경꾼에게 판돈은 클수록 좋다〉[29]라는 속담은 영원한 것이다. 그리고 타인을 위해서 자신의 소망을 포기하고, 타인의 소망을 대리적으로 실현하고자 하는 시도는 이해관계가 걸려 있지 않은 시합을 보면서 느끼는 흥미 및 기쁨에 비길 만하다.

29  Kiebitze, denen kein Spiel zu hoch ist.

이러한 방어 과정은 두 가지 목적에 기여한다. 한편으로 주체는 타인의 본능 만족에 우호적 관심을 가질 수 있으며, 초자아의 금지에도 불구하고 간접적으로 자신의 본능을 만족시킬 수 있다. 다른 한편으로 이 과정은 일차적으로 자신과의 원래 관계 속에서 본능적 충동의 실현을 보장하기 위해서 고안되었던, 억제되어 있던 행동과 공격성을 풀어놓는다. 자신의 구강적 충동의 만족을 위해서는 손가락 하나도 들어 올릴 수 없었던 환자가 자신이 보살피는 아이에게 뭘 먹이지 말라는 어머니의 말, 다시 말해 타인에게 강요된 구강적 금욕에는 불같이 화를 낼 수 있는 것이다. 또 죽은 시어머니에 대한 권리를 주장할 수 없었던 며느리는 타인의 상징적 권리를 방어하는 데 있어서는 자신의 모든 공격성을 다 동원해도 된다고 느낀다. 감히 월급을 올려 달라고 한번 묻지도 못했던 노동자가 갑자기 동료의 권리를 보장해 달라며 주임을 들볶는다. 이러한 상황을 분석해 보면, 이 방어 과정의 기원이 어떤 형태의 본능적 만족에 대한 부모 권위와의 유아적 갈등 〈속에〉 있다는 것이 드러난다. 주체 자신의 소망 실현의 문제가 걸려 있는 한 오랫동안 금지되어 왔던 어머니에 대한 공격적 충동이, 이 소망이 표면적으로 타인의 것일 때 자유롭게 풀려나는 것이다. 이러한 유형으로 우리에게 가장 친숙한 사람이 대표적으로 자선 사업가들이다. 이들은 극도의 공격성과 에너지를 동원해서 일군의 사람들에게 돈을 요구하는데, 이는 타인을 위해서다. 그리고 아마도 가장 극단적인 경우는 억압받는 사람의 이름으로 압제자들을 살해하는 암살범들일 터인데, 이때 풀려난 공격성이 향하는 대상은 항상 권위 ── 유아기 때 금욕을 강요했다 ── 의 대표자들이다.

그를 위해 자신의 본능적 충동을 포기하는 대상의 선택은 다양한 요소에 좌우된다. 아마도 자신의 금지된 충동을 타인에게서 지각하는 것만으로도 투사의 기회를 알아채는 데 충분할 것이다. 시어머니 옷 처리를 도우려 했던 환자의 경우 대리인이 가까운 관계가 아니라는 사실이 소망의 무해함을 보증해 주었는데, 이 소망은 환자 마음속에서는 근친상간적 충동을 표상하고 있었다. 대부분의 사례에서 대리인은 한때 시기의 대상이었던 적이 있다. 첫 번째 사례에서 이타적인 가정 교사는 야망으로 가득한 환상을 남자 친구에게, 그리고 리비도적 소망은 여자 친구들에게 전치시켰다. 남자 친구들은 그녀의 아버지와 오빠 ── 이들은 모두 남근 선망의 대상이었다 ── 에 대한 애정을 이어받았는데 반해 여자 친구들은 자매들을 표상했는데, 남근 선망이 후기 아동기 때 자매들의 아름다움에 대한 시기의 형태로 전치되었던 것이다. 환자는 자신이 어리기 때문에 야망을 실현할 수 없으며, 동시에 실제로 남자를 매혹할 만큼 예쁘지도 않다고 느꼈다. 스스로에게 실망한 그녀는 소망을 더 잘 실현해 줄 것 같은 대상에게 이를 전치시켰다. 그리하여 남자 친구들은 스스로는 절대로 이루지 못할 전문적 경력을 대리적으로 실현해 주었고, 더 예쁜 여자 친구들은 애정 생활 속에서 같은 일을 했던 것이다. 이렇게 그녀의 이타주의적 포기는 자기애적 굴욕을 극복하는 하나의 방법이었다.

자신보다 소망을 더 잘 실현할 것 같은 대상을 위해 본능적 소망을 포기하게 되자, 이는 남자 — 모든 진실한 대상 관계를 희생하고 자신의 대리로 선택한 — 와의 관계에 큰 영향을 미쳤다. 이러한 〈이타주의적〉 애착에 기반하여 그녀는 남자들이 자신이 여자란 이유로 불리할 거라 믿은 일들을 잘 해내 주기를 기대했다. 예를 들어, 그녀는 남자 친구가 계속 공부하기를 원했고, 또 특정한 직업을 갖거나 자기 대신 유명해지고 부자가 되기를 바랐다. 이 경우 이기주의와 이타주의는 다양한 비율로 뒤섞일 수 있을 것이다. 알다시피 부모들은 때때로 이기적인 동시에 이타적인 방식으로 자신의 삶의 목표를 자식들에게 넘겨주곤 한다. 그리고 이는 마치 자신이 현실화하는 데 실패한 야망을 자기보다 더 낫다고 여기는 아이를 통해서 실현하고자 하는 것처럼 보인다. 어쩌면 심지어 어머니와 아들 사이의 순수하게 이타적인 관계 또한, 〈더 나은 자격을 갖춘〉 성별의 대상을 위해 어머니가 자신의 소망을 포기했다는 사실에 많은 영향을 받는다. 실제로 남자의 성공은 그 가족의 여성이 자신의 야망을 포기한 것을 보상받는 데 크게 도움이 된다.

에드몽 로스탕의 희곡 「시라노」는 이타주의적 포기의 가장 훌륭하고 세밀한 연구일 것이다. 이 희곡의 주인공은 실존인물인 17세기 프랑스 귀족인데, 그는 시인이자 근위 연대 장교로서 놀라운 지성과 용맹함으로 유명하였으나, 특출하게 못생긴 코 때문에 여성에게 구애하는 데 문제가 있었다. 그는 아름다운 사촌 록산과 사랑에 빠졌으나, 자신의 추함을 의식한 나머지 처음부터 그녀의 사랑을 얻을 수 있을 거라는 희망을 버렸다. 뛰어난 검술로 경쟁자들을 물리치는 대신에 그는 사랑에 대한 동경을 포기하였고, 자신보다 더 잘생긴 한 남자가 그녀의 연인이 되기를 원했다. 이러한 포기 이후에 그는 자신의 힘과 용기와 지혜를 이 운 좋은 남자에게 빌려주었고, 그를 돕기 위해 할 수 있는 모든 것을 했다. 이 희곡은 깊은 밤 한 여인—두 남자가 사랑하는—의 집 발코니 아래에서 일어나는 사건에서 절정에 이른다. 시라노는 경쟁자에게 그녀를 얻기 위한 말들을 속삭여 가르쳐 준다. 그리고 어둠 속에서 그인 듯 가장하고 그를 대신해서 그녀에게 이야기한다. 사랑의 격정 속에서 자신이 구애자가 아니라는 사실을 잊고서 말이다. 그렇지만 그녀가 잘생긴 연인을 받아들여, 기독교도 옷을 입은 경쟁자가 그녀를 품으러 발코니로 올라가자, 마침내 그는 포기의 태도로 되돌아간다. 이제 시라노는 점점 더 이 경쟁자에게 헌신하고, 전투에서도 자신의 목숨보다 이 기독교도의 목숨부터 구하려 애쓴다. 심지어 이 대리인이 죽고 난 후에도 록산에게 구애하는 것은 용납할 수 없는 일이라고 생각한다. 에드몽 로스탕이 여기에서 시라노의 〈이타주의〉를 통해서 기묘한 사랑 모험 그 이상을 표현하려고 했다는 사실은 시라노의 애정 생활과 시인으로서의 운명 사이의 유사성을 통해서도 분명하게 드러난다. 기독교도가 시라노의 시와 편지로 록산에게 구애했듯이, 코르네유, 몰리에르, 스위프트와 같은 작가들이 시라노의 알려지지 않는 작품들 속에서 장 전체를 표절해서 자신의 명성을 드높였던 것이다. 희곡 속에서 시라노는 이러한 운명을 받아들인다. 그는 자신보다 위대한 천재인 몰리에르에게 그랬던 것처럼 자신보다 잘생긴 기독교도에게 기꺼이 문장을 빌려준다. 경멸받을 만하다고 스스로 생각하는 결점 때문에 자신보다 나은 타인에게 자신의 소망 환상을 실현할 자격이 있다고 생각하게 된 것이다.

결론에서 우리는 잠시 이타주의적 포기 개념을 또 다른 관점을 통해, 즉 죽음에 대한 두려움과의 관계 속에서 탐구해보고자 한다. 타인에게 자신의 본능적 충동을 아주 많이 투사해 버린 사람들은 죽음의 두려움을 모른다. 위험한 순간에도 자아는 자신의 생명에 실제로 관심을 쏟지 않는다. 대신 사랑 대상의 삶에 대한 과도한 관심과 불안을 경험한다. 자세히 관찰해 보면 이 대상들 — 주체에게 그 안위가 그토록 중요한 — 은 자신의 본능적 소망을 전치한 대리인임이 드러난다. 예를 들어, 앞서 서술했던 젊은 가정 교사는 임신하거나 출산한 친구의 건강에 대해서 극도로 불안해했다. 또한 위의 간략한 요약에서 볼 수 있듯, 시라노는 기독교도의 안전을 자신보다 훨씬 중요하게 생각했다. 이를 억압된 경쟁심이 죽음 소망을 통해서 터져 나왔고, 자아가 이를 다시 밀어내는 상황이라고 가정하는 것은 잘못일 것이다. 분석을 통해서 우리는 다음과 같은 사실을 알게 되었다. 즉, 주체가 불안을 느끼느냐 느끼지 않느냐 하는 것은 자신의 삶이 살고 지킬 만한 가치가 있다고 느끼는가 여부에 달려 있으며, 이는 다시 본능을 만족시킬 기회의 존재 유무에 대한 문제라는 것을 말이다. 타인을 위해 자신의 충동을 포기할 때 타인의 삶이 자신의 삶보다 소중해진다. 그리고 이때 대리인의 죽음은, 시라노에게 있어 기독교도의 죽음처럼, 충동의 실현에 대한 모든 희망이 부서져 내리는 것을 의미할 것이다.

우연히 병에 걸려 분석을 끝낸 후에야 젊은 가정 교사는 죽는다는 생각이 고통스럽다는 것을 발견했다. 놀랍게도 그녀는 자신이 오래 살기를 열렬히 욕망하고 있으며, 그래서 새 집도 꾸미고 직장에서의 승진을 보장해 줄 시험에도 통과하고 싶어 한다는 것을 깨달았다. 그리고 여기에서 집과 시험은 본능적 소망—분석을 통해서 다시 한 번 자신의 삶과 연결된—의 승화된 형태로의 실현을 의미했다.[30]

**30** 이타주의적 포기와 남성 동성애를 일으키는 조건과는 명백한 유사성이 존재한다. 동성애자는 어머니의 사랑에 대한 권리를 이전까지 시기하던 남동생에게 양도한다. 그 대신 모성적 태도를 취함으로써 스스로 이 욕구를 만족시키려 한다. 다시 말해서 어머니와 아들 사이 관계의 능동적이자 수동적인 역할을 동시에 즐기는 것이다. 이 과정이 앞서 서술했던 이타주의적 포기의 다양한 형태에 얼마나 많이 관여하고 있는지를 판단하는 것은 불가능하다. 시라노와 이타주의적 가정 교사는 모두 대리인의 성공을 대신 기뻐하기 전부터 분명 이 기제로부터 쾌락을 이끌어 내었을 것이다. 그들이 주고 도우면서 느끼는 황홀은 이 포기가 그 자체로 일종의 본능의 만족이라는 것을 보여 준다. 공격자와의 동일시 과정에서 일어나는 것처럼, 수동성이 능동성으로 변형되고 자기애적 굴욕이 시혜자 역할과 연관된 권력을 지녔다는 느낌으로 보상된다. 반면, 좌절이라는 수동적 경험은 능동적으로 타인에게 행복을 베푸는 것에서 보상을 찾는다. 타인과의 관계에서 자신의 본능의 만족이 아무런 역할—심지어 전치되거나 승화된 형태로조차—도 하지 않는 진정으로 이타적인 관계라는 것이 과연 존재하는가 하는 문제는 여전히 열린 질문으로 남아 있다. 그러나 어떤 경우에도 투사와 동일시만이 이타주의의 외양을 띠는 태도를 취하는 유일한 방법이 〈아니라는 것〉은 분명하다. 예를 들어, 같은 목적지로 같은 쉬운 길 중 하나가 바로 다양한 형태의 피학증이다.

4부

# 본능의 힘에 대한 두려움이 유발하는 방어:

### 사춘기 현상을 통한 고찰

11장
# 사춘기의 자아와 이드

본능 작용이 의문의 여지없이 다른 무엇보다 중요한 인간 생애의 모든 시기 중에서, 사춘기는 항상 가장 많은 주목을 받아 왔다. 그리고 오랫동안 성적 성숙의 시작을 의미하는 정신 현상들이 심리학 연구의 주제가 되어 왔다. 정신 분석적이지 않은 문헌 속에서 우리는 사춘기 동안 일어나는 성격 변화 및 정신적 평형의 동요, 그리고 다른 무엇보다 정신생활에서 뚜렷하게 나타나는 이해할 수 없고 양립할 수도 없는 모순들에 대한 충격적 서술을 만난다. 청소년들은 자신을 우주의 중심이자 유일한 관심 대상으로 여기면서 과도하게 자기중심적이지만, 또 삶의 그 어떤 시기보다 더 자기희생적이고 헌신적이다. 이들은 가장 열정적인 애정 관계를 맺지만, 시작했을 때처럼 그렇게 갑작스럽게 관계를 끝내 버린다. 또 공동생활에 열성적으로 참여하면서 한편으로는 고독을 갈망한다. 이들은 스스로 선택한 지도자에 대한 맹목적 복종과 모든 권위에 대한 반항적 도전 사이를 진자처럼 왕복한다. 이기적이고 물질주의적이지만 동시에 숭고한 이상으로 가득하다. 금욕적이지만 갑자기 가장 원초적인 본능적 탐닉에 빠져들곤 한다. 때때로 타인에게 거칠고 부주의하게 행동하지만, 그럼에도 이들 자신은 극단적으로 예민하다. 기분은 속 편한 낙관주의와 암담한 비관주의 사이를 왔다 갔다 한다. 종종 이들은 피로를 모르는 열정으로 일하지만 어떤 때는 게으르고 냉담하다.

일반 심리학은 이 현상을 서로 아주 다른 두 가지 방식으로 설명해 왔다. 첫 번째 이론에 따르면 이러한 정신생활의 격변은 아마도 화학적 변화 때문이다. 생식샘 작용의 시작에 따른 직접적 결과, 즉 생리학적 변화의 정신적 부산물인 것이다. 그러나 다른 이론은 신체와 정신 사이의 연관 관계를 부인한다. 이 이론에 따르면 정신 영역에서 일어나는 이러한 혁명은 개인이 정신적 성숙에 이르렀다는 신호일 뿐이다. 동시적으로 일어나는 신체 변화가 신체적 성숙의 신호이듯 말이다. 이 이론은 정신 변화와 신체 변화가 동시적으로 나타난다는 사실이 하나가 다른 하나의 원인이라는 증거가 되지는 못한다고 말한다. 그러므로 두 번째 이론은 정신적 발달이 전적으로 생식샘이나 본능 작용과 별개라고 주장한다. 그런데 이 두 심리학 이론은 한 지점에서 서로 만난다. 모두 사춘기의 신체 현상뿐 아니라 정신 현상이 개인 발달에 있어 다른 무엇보다 중요하다는 사실에 동의하며, 이 시기가 성생활 및 사랑할 수 있는 능력, 그리고 성격 전체의 시초이자 근간이 된다고 말하는 것이다. 관변 심리학과는 대조적으로 정신 분석은 여태까지 사춘기의 심리적 문제에 집중해 보려는 의도를 이상하게도 별로 보여 주지 않았다. 이 시기를 정신생활 탐구의 시작점으로 생각하는 것에 대한 반대는 다른 논의들 속에서 아주 많았지만 말이다. 사춘기 연구의 근간이 된 소수의 작업들(프로이트, 1905; 존스, 1922; 베른펠트, 1923)을 제외한다면, 분석가들은 오히려 이 시기를 무시해 왔으며, 다른 발달 단계에 더 많은 주의를 기울였다고 말할 수 있을 것이다. 그리고 그 이유는 분명하다. 정신 분석은 인간의 성생활이 사춘기에 시작된다는 관점에 동의하지 않는다. 우리 이론에 따르면 성생활이 시작되는 순간은 두 번 존재한다. 이는 우선 생후 첫해에 처음으로 시작한다. 결정적 발달이 일어나는 시기는 사춘기가 아니라 초기 유아기의 성적 발달 단계 동안이다. 이렇게 중요한 성적 조직의 전성기기 국면을 통과하면서 다양한 본능적 요소가 발달하고 활동을 시작하며, 이를 통해 개인의 정상성과 비정상성이, 그리고 사랑할 수 있는 능력 혹은 그 무능함이 결정된다. 우리는 이러한 초기 단계에 대한 연구를 통해서 성의 기원 및 발달에 대한 지식을 이끌어 낼 수 있기를 기대하는데, 관변 심리학은 이를 사춘기 연구를 통해서 추구하고 있는 것이다. 사춘기는 인간 발달의 여러 국면 중 하나에 불과하다. 사춘기는 유아의 성적 발달 단계가 처음으로 되풀이되는 시기로서, 그 두 번째 반복은 이후 갱년기에 일어날 것이다. 이때 성적 단계 각각은 과거의 갱신이자 소생이다. 물론 거기에 더해 각 단계는 인간의 성생활에 나름으로 기여한다. 신체적 측면에서의 성적 성숙은 사춘기에 이루어지기 때문에 이때 성기성이 전면으로 나서게 되며, 이 시기에는 본능의 전성기적 요소보다 성기적 성향이 우세하다. 신체적 성기능이 저하되는 갱년기에는 성기적 충동이 마지막으로 불타오르고, 이후에 전성기적 충동이 다시 주도권을 잡는다.

지금까지의 정신 분석 저술들은 인간 생애의 이 세 시기 동안 일어나는 성적 동요 사이의 〈유사성〉에 주로 관심을 두어 왔다. 이 세 시기는 자아의 강도와 본능의 강도 사이의 양적 관계 측면에서 가장 많이 닮았다. 각각 — 초기 유아기, 사춘기, 갱년기 — 의 경우, 상대적으로 강한 이드가 상대적으로 약한 자아와 대립한다. 따라서 우리는 이 시기가 모두 이드는 생기 넘치는 반면 자아는 허약한 시기라고 이야기할 수 있을 것이다. 더군다나 이 세 시기의 이드 — 이드와 자아 관계의 첫 번째 요소 — 는 질적으로도 상당히 유사하다. 인간의 이드는 인생 전반에 걸쳐 거의 변치 않는다. 본능적 충동은 자아 혹은 외부 세계의 요구와 충돌할 때 자신을 변형시킬 수 있기는 하지만, 전성기적이었던 본능적 목표가 성기적으로 변화하는 동안에도 이드 그 자체 내부에서는 거의 아무런 변화도 일어나지 않는다. 언제든 리비도가 강화되기만 하면 억압으로부터 벗어나 그 모습을 드러낼 준비가 되어 있는 성적 소망과 이와 연관된 대상 투여와 환상은 어린 시절이나 사춘기, 성인기 그리고 갱년기에 걸쳐 거의 변화하지 않는 것이다. 따라서 인간 생애에서 리비도가 증가하는 이 세 시기가 질적으로 유사한 이유는 이드의 상대적 불변성 때문이라는 것을 알 수 있다.

지금까지 정신 분석 저자들은 이 세 시기 사이의 〈차이점〉에 대해서는 별다른 주의를 기울이지 않았다. 그런데 이 차이는 이드와 자아 관계의 두 번째 요소에서 유래한다. 즉 인간 자아가 지닌 엄청난 변형 능력 때문인 것이다. 불변하는 이드가 가변적인 자아와 이렇게 짝지어진다. 초기 아동기와 사춘기의 자아를 예로 들어 보자. 이 두 시기의 자아는 그 범위도 다르고, 내용물도 다르며, 지닌 지식과 능력도 다르다. 또한 종속된 관계와 불안 역시 다르다. 그 결과 본능과의 갈등에 있어 각 시기의 자아는 서로 다른 방어 기제를 사용한다. 그러므로 초기 유아기와 사춘기 사이의 차이에 대해서 좀 더 세밀하게 탐구해 본다면 자아 형성에 대해서 더 잘 알 수 있게 될 것이라 기대해 볼 수 있다. 이 시기들 사이의 유사성에 대한 연구를 통해 본능 생활이 밝혀졌듯이 말이다.

본능 작용에 대한 탐색이 그렇듯 발달 후기의 자아 역시 그보다 이른 시기에 대한 연구를 통해서 이해할 수 있다. 초기 유아기의 자아가 처한 상황의 특성을 이해해야만 이 사춘기에 자아가 겪는 혼란을 설명해 낼 수 있는 것이다. 어린아이들의 경우 자아와 이드 사이 갈등은 특이한 조건하에 있다. 이때는 구강기, 항문기, 남근기의 특성을 띠는 소망에서 솟아나오는 본능적 만족에 대한 욕구가 이례적으로 급박하며, 오이디푸스 콤플렉스 및 거세 콤플렉스와 연관된 감정과 환상은 극도로 생생하다. 그러나 이를 대면하는 자아는 아직 한참 형성되어가는 중이라 여전히 허약하고 미숙하다. 그럼에도 불구하고 어린아이는 고삐 풀린 본능적 존재가 아니며, 통상적 환경 속에서는 자신 안의 본능적 불안의 압력을 인식하고 있지도 못하다. 외부 세계 속에서, 다시 말해서 그에게 가해지는 교육적 영향 속에서 아이의 연약한 자아는 본능 생활에 저항하는 강력한 동맹군을 얻는다. 자아가 자신의 미약한 힘만으로 훨씬 더 강력한 본능적 충동에 맞서는 상황은 일어나지 않는다. 만약 홀로 남겨진다면 자아는 분명 어쩔 수 없이 이드에 복종할 수밖에 없을 것이다. 우리는 자신의 소망을 인식하거나 본능에 비해 자신이 강한지 약한지 평가해 볼 수 있는 여지를 아이에게 거의 주지 않는다. 자아에 대한 아이의 태도는 타인의 약속 및 위협, 다시 말해서 사랑에 대한 희망과 처벌에 대한 예상을 통해서 일방적으로 결정될 뿐이다.

어린아이들은 이러한 외부적 영향 아래에서 불과 몇 년 만에 자신의 본능 생활을 조절하는 상당한 능력을 획득한다. 그러나 이러한 성취가 어느 정도까지 자아의 몫이고 어느 정도까지 외부 세력의 직접적 압력 때문인지 구분하는 것은 불가능하다. 만약 갈등 상황 속에서 아이의 자아가 외부적 영향 편에 선다면, 아이는 〈착하다〉는 이야기를 듣는다. 그러나 이드 편에서 교육이 본능적 만족에 부과하는 제한에 대항하여 싸운다면 〈못됐다〉는 소리를 들을 것이다. 이드와 외부 세계 사이에 낀 유아적 자아의 망설임에 대해서 세밀하게 연구해 온 과학 분야가 바로 교육학이다. 교육학은 교육적 영향력이 자아와 더 긴밀하게 연합하여, 본능을 제어하기 위한 공동의 투쟁을 더 성공적으로 이끌기 위한 수단을 탐구한다.

그러나 어린아이에게는 교육의 손이 닿지 않는 정신 내적 갈등 또한 존재한다. 아이의 정신 속에서 외부 세계는 금세 객관적 불안의 형태로 일종의 표상을 구축한다. 이렇게 불안이 일어난다는 것이 그 자체로 자아 내에 고위 정신 조직 — 양심 혹은 초자아 — 이 형성되었다는 증거는 아니며, 오히려 그 전조에 가깝다. 객관적 불안은 외부 행위자에 의해 처벌로서 가해질지도 모르는 고통에 대한 예상이며, 예상했던 처벌이 실제로 일어나든 일어나지 않든 간에 자아의 행동을 지배하는 일종의 〈전통증forepain〉이다. 한편으로 이 불안은 아이가 접촉하는 사람들의 위험스럽거나 위협적인 행동에 비해 더 격심하다. 그러나 다른 한편으로 불안은 본능 작용이 자기를 향함으로써 더 강화되며, 흔히 환상에서 유래하는 불안과 결합하면서 객관적 변화에 무심해지기 때문에 현실과의 관계는 느슨해진다. 분명 어린아이의 마음속에서는 급박한 본능적 욕구가 날카로운 객관적 불안과 갈등을 일으키고 있을 것이며, 유아 신경증의 증상들은 이 갈등을 해결하려는 시도일 것이다. 이러한 내적 투쟁에 대한 연구 및 서술은 학자들 사이에서 논쟁의 바탕이 되고 있다. 어떤 사람들은 이 문제가 교육학의 영역이라고 말하는 반면, 우리는 분명 신경증 이론의 영역이라고 느낀다.

어린아이의 자아가 처한 상황에는 이후에는 결코 다시 나타나지 않는 독특한 특색이 있다. 이후의 모든 방어 상황에서는 싸우는 양측이 모두 이미 현존한다. 본능은 어느 정도 견고한 자아와 마주치고, 이와 타협해야 한다. 그러나 어린아이들의 경우 자아는 이 갈등 자체의 산물이다. 삶 전체를 통해서 이드의 본능적 욕구와 외부에서 유래하는 객관적 불안의 이중적 압력하에서 본능을 제어하는 과업을 처리해야 할 자아는 이렇게 이른 시기에 이제 막 태어났을 뿐이다. 이때 자아는 〈맞춤〉[31]이 된다고 말할 수도 있을 것이다. 다시 말해서 잘 적응하여 본능의 충동과 외부적 압력 사이에서 적절한 균형을 잡을 수 있게 되는 것이다. 자아 형성의 이러한 측면이 특정 단계에 이르렀을 때 우리는 최초의 유아적 시기가 끝난 것으로 본다. 자아는 이드와의 전투 속에서 원했던 자리를 점령한다. 이제 자아는 다양한 갈등을 해결해 나가는 데 있어 본능을 어느 정도 만족시키고 어느 정도 억누를 것인지 결정한다. 또한 본능의 욕망 달성을 지연시키는 나름의 방법에 익숙해진다. 자아가 선호하는 방어 수단은 객관적 불안의 흔적을 지니고 있다. 이제 우리는 이드와 자아 사이에 〈잠정 협정〉이 이루어졌다고 말할 수 있는데, 이제부터 두 조직은 이에 충실할 것이다.

그러나 몇 년 지나지 않아 상황이 변한다. 잠재기가 시작되고 본능의 강도가 생리학적으로 감소하며 자아가 유지해 오던 방어를 위한 전투에 일종의 휴전이 선포된다. 이제 자아에게는 다른 과업에 몰두할 만한 여유가 생기며, 그리하여 새로운 내용물과 지식과 능력을 획득하게 된다. 동

---

**31**  초현대적 교육법이란 외부 세계를 아이에게 〈맞춰〉 주려는 시도라고 표현해 볼 수 있을 것이다.

시에 외부 세계와의 관계 속에서 자아는 더 강해진다. 이제 자아는 이전처럼 순종적이거나 무력하지 않으며, 세계가 참으로 전능하다고 생각하지도 않는다. 오이디푸스 상황을 극복하면서 외부 대상에 대한 자아의 전체적 태도 역시 점진적으로 변화한다. 더 이상 부모에게 전적으로 의존하지 않으며 대상 사랑의 자리를 동일시가 차지하기 시작한다. 그리고 점점 더 부모와 선생님들이 아이에게 부과하는 원칙들 — 그들의 소망과 요구와 이상들 — 이 내사된다. 아이의 내적 생활 속에서 외부 세계는 이제 객관적 불안의 형태가 아닌 다른 모습으로도 나타나기 시작한다. 아이는 자아 안에 주변 사람들의 요구를 체화한 영구적 조직을 구축하는데 이를 우리는 초자아라고 부른다. 이러한 발달과 동시에 유아적 불안에도 어떤 변화가 일어난다. 외부 세계에 대한 두려움이 점점 줄어들면서 이를 오래된 세력 — 초자아 불안, 양심의 불안, 죄책감 — 의 새로운 표상에 대한 두려움이 조금씩 대체하는 것이다. 이는 잠재기의 자아가 본능 작용을 제어하려는 투쟁 속에서 새로운 동맹을 맺었다는 것을 의미한다. 초기 유아기에 객관적 불안이 그랬듯, 잠재기에는 양심의 불안이 본능에 대한 방어를 일으킨다. 유아기의 경우처럼, 잠재기에 본능을 통제하는데 있어 어느 정도가 자아 자신의 몫이며 어느 정도가 강력한 초자아의 영향 탓인지 구분하는 것은 쉽지 않다.

그러나 잠재기 덕에 생긴 숨 돌릴 틈은 그리 길지 않다. 자아와 이드라는 두 적대자 사이의 다툼은 이 둘 중 하나가 강해짐으로써 협정의 타결 조건이 과격하게 변하지 않는 한 대개 중단 없이 지속된다. 신체적 성적 성숙을 이끌어 내는 생리 작용과 함께 본능 작용이 자극되고, 이는 리비도 유입이라는 형태로 정신 영역 속으로 전달된다. 이전까지 자아 세력과 이드 세력 사이에 구축되어 있던 관계가 파괴되고, 고통스럽게 이룩하였던 정신적 균형이 흔들리며, 그 결과 이 두 조직 간의 내적 갈등이 새롭게 불타오른다.

처음에는 이드에 대해 할 말이 거의 없다. 잠재기와 사춘기 사이의 기간 — 소위 사춘기전기 — 은 신체적 성적 성숙을 준비하는 시기일 뿐이다. 아직 본능 생활의 질적 변화는 일어나지 않으나, 본능적 에너지의 양이 증가한다. 이러한 증가는 성생활에만 한정되지 않는다. 이드가 사용할 수 있는 더 많은 리비도가 생겨나며 이드는 이러한 이드 충동을 무차별적으로 아무 데나 닥치는 대로 투여한다. 공격적 충동 역시 강화되어 아이는 마구 날뛰기 시작한다. 열망은 탐욕이 되고, 잠재기의 못된 짓은 청소년기의 범죄 행동으로 바뀐다. 오랫동안 가라앉아 있던 구강적, 항문적 관심이 표면으로 다시 올라온다. 잠재기 동안 열심히 습득한 청결한 습관이 더럽히고 어지럽히는 쾌락에 자리를 내어 준다. 겸손과 공감 대신에 과시적 성향이 나타나고, 동물을 거칠고 잔인하게 대하기도 한다. 자아 구조 안에 확고하게 자리 잡은 것처럼 보였던 반동 형성은 산산이 부서질 위협에 처한다. 동시에 사라졌던 오래된 성향이 의식에 다시 등장한다. 오이디푸스적 소망이 아주 약간만 변형된 채 환상 및 백일몽의 형태로 실현된다. 소년의 거세에 대한, 그리고 소녀의 남근 선망에 대한 생각이 다시 한 번 관심의 중심이 된다. 이렇게 자아를 침입하는 세력 중에 새로운 요소는 아주 적다. 초기 유아기에 친숙했던 성적 내용이 이들의 맹공을 통해 다시 한 번 표면으로 올라오는 것일 뿐이다.

그러나 이렇게 재생된 유아기의 성은 더 이상 과거 상황과 마주하고 있지 않다. 초기 유아기의 자아는 미숙했고 뚜렷하지도 않았으며 이드의 영향에 예민했고 그에 따라 쉽게 모양이 변했다. 반면에 사춘기전기의 자아는 견고하고 단단하다. 자아는 이미 자신의 마음을 안다. 유아적 자아는 갑자기 외부 세계를 배반하고 이드와 동맹하여 본능적 만족을 얻을 수 있었지만, 만약 청소년의 자아가 이런 행동을 한다면 초자아와의 갈등에 휘말려 들 것이다. 한편으로는 이드와, 다른 한편으로는 초자아와 확고한 관계를 맺고 — 이를 우리는 성격이라고 부른다 — 있기 때문에 청소년기의 자아는 쉽게 굽히지 않는다. 자아는 단 한 가지 소망만을 안다. 잠재기 동안 발달한 성격을 보존하고, 이드와의 예전 관계를 재확립하고, 이전보다 훨씬 급박한 본능적 욕구를 방어하려는 노력을 배가하는 것이다. 자신의 존재를 변치 않게 보존하려는 투쟁 속에서 자아는 객관적 불안 및 양심의 불안에 동등하게 반응하며, 유아기와 잠재기 때 의지한 적이 있는 모든 방어 방법을 무차별적으로 동원한다. 자아는 본능을 억압하고, 전치하고, 부인하고, 역전시키며, 자기를 향하게 만든다. 공포증과 히스테리 증상을 일으키며, 강박적 사고와 행동을 통해 불안을 억누른다. 우리가 이러한 자아와 이드 사이의 주도권 싸움을 면밀히 들여다본다면, 사춘기 전기에 일어나는 마음을 어지럽히는 거의 모든 현상들이 사실은 이 갈등의 각기 다른 국면에 해당된다는 사실을 깨닫게 될 것이다. 환상 활동의 증가나 전성기적(예를 들어 도착적) 성적 만족으로의 일탈, 공격적이거나 범죄적인 행동은 이드가 부분적으로 성공했다는 것을 의미하지만, 다양한 형태의 불안 발생, 금욕주의적 태도 발달, 신경증 증상이나 억제 강화는 방어가 더 활발하게 일어나고 있음을, 즉 자아가 부분적이나마 성공했다는 것을 보여 준다.

　육체적 성적 성숙이 이루어지면서 진짜 사춘기가 시작되고, 이제 질적인 측면에서 더 많은 변화가 일어난다. 여태까지는 고조되는 본능적 투여가 일반적이고 미분화된 성격을 띠었으나, 이제 성기적 충동이 더 강력하게 투여된다.

정신 영역 속에서 이는 리비도 투여가 전성기적 충동으로부터 철수하여 성기적 감각 및 목표, 대상, 개념에 집중된다는 것을 의미한다. 이로 인하여 성기성이 더 많은 정신적 중요성을 띠게 되고, 반면 전성기적 성향은 배경으로 물러난다. 그 결과 우선 상황은 명백하게 호전된다. 사춘기전기 아이들이 보여 주는 본능 생활의 전성기적 성격을 염려하면서 그로 인해 혼란을 겪던 교육자들은 버릇없고, 공격적이고, 도착적이던 그 모든 소란스런 행동이 마치 악몽처럼 사라져 버렸다는 것을 발견하고 안도할 것이다. 그리고 그 뒤를 잇는 성기적 남성성은 심지어 사회적 관습의 한계를 위반할 때조차 훨씬 더 호의적이고 너그러운 분별력을 보여 준다. 그러나 사춘기의 자연스러운 발달로 인한 전성기성의 생리적이고 자연적인 치유는 상당히 기만적이다. 물론 유익한 보상이 없는 것은 아니나, 이는 여태까지 전성기적 고착이 아주 분명하게 존재했던 사례에 한한다. 예를 들어, 항상 소극적이고 여성적인 태도를 보였던 소년이 리비도 투여가 성기로 옮겨지면서 갑자기 남성적이고 적극적인 모습을 보일 수 있다. 그러나 그렇다고 해서 이것이 여성적 태도를 유발했던 거세 불안이나 갈등이 해결되었거나 소멸되었다는 의미는 아니다. 단지 일시적으로 증가한 성기적 투여에 압도당했을 뿐이다. 사춘기에 아주 강해졌던 본능의 압력이 성인이 되어 다시 정상 수준으로 내려가면, 불안과 갈등은 아마도 변치 않은 채 다시 모습을 드러낼 것이고, 다시 한 번 소년의 남성성을 방해할 것이다. 이는 구강적 고착이나 항문적 고착에도 해당되는데, 리비도가 증가하는 사춘기 동안에 이는 이전보다 덜 중요해지는 것이다. 그럼에도 불구하고, 그 밑바닥에서 이 고착은 항상 중요성을 잃지 않으며, 이러한 전성기적 구조에 대한 오래된 병리적 매혹은 이후 삶에서 과거만큼 강력하게 남아있을 것이다. 또한, 구강적이거나 항문적인 관심보다 남근적 관심이 이미 어린 시절과 사춘기 전기에 우위를 점해 버린다면, 사춘기에 보상 효과는 일어날 수 없다. 남근 노출증 성향을 보이는 소년 사례에서처럼 말이다. 이 경우 사춘기의 성기적 리비도 증가도 문제를 해결해 줄 수 없을 뿐 아니라, 실제로는 이 증상을 악화시킬 것이다. 유아 도착에 있어 자연적 치유란 일어나지 않는다. 오히려 극단적으로 마음을 어지럽히는 병적 상황의 악화가 일어날 뿐이다. 남근적 성향이 증가하면서, 환자의 성기적 남성성이 비정상적으로 부풀어 오르면서 통제 불능 상태가 되는 것이다.

이렇게 특정 본능적 목표의 정상성이나 비정상성을 판단하는 것은 성인의 가치 기준에 따르며, 청소년의 자아와는 거의 관계가 없다. 내적인 방어적 갈등은 지속되며 청소년은 이러한 가치 기준에 대해서는 별다른 주의를 기울이지 않는다. 청소년기에 이드에 대한 자아의 태도는 일차적으로 질적인 면이 아니라 양적 측면에서 결정된다. 문제가 되는 것은 이런저런 본능적 소망의 만족 혹은 좌절이 아니라, 아동기나 잠재기 정신 구조의 전체적이고 일반적인 성질이다. 갈등이 정리될 수 있는 두 가지 극단적 가능성이 존재한다. 강력해진 이드가 자아를 압도하는 경우가 그 하나인데, 이때 개인의 이전 성격은 흔적도 남지 않을 것이며, 그렇게 성인이 되면 억제하지 못한 본능을 만족시키려는 소동이 벌어질 것이다. 혹은 반대로 자아가 승리할 수 있는데, 이 경우 잠재기 동안 형성된 개인의 성격이 영구히 지속되며, 이러한 일이 실제로 벌어진다면 청소년의 이드 충동은 어린이의 본능 생활에나 어울리는 협소한 제한 속에 갇히게 될 것이다. 증가된 리비도는 전혀 활용되지 못할 것이며, 이를 억누르기 위해 역투여나 방어 기제 및 증상들이 계속 소모될 것이다. 그 결과 본능 생활이 손상될 뿐 아니라, 승리한 자아가 견고하게 고착됨으로써 개인에게 영구적 손상이 일어난다. 사춘기의 맹공을 대체로 아무런 양보 없이 이겨 낸 자아 조직은 대개 일생 동안 융통성도 없고, 사고 역시 경직되어 있으며, 변화하는 현실이 요구하는 수정을 받아들일 수도 없는 상태가 된다.

앞의 두 극단적 경우에서의 갈등, 그리고 정신 조직들 간의 새로운 합의를 통한 이 갈등의 만족스러운 해결, 또 그 외에 자아가 통과하는 많은 다양한 국면들이 양적 요소,

즉 본능의 절대적 강도 변화에 달려 있다고 생각하는 것은 자연스러운 것처럼 보인다. 그러나 이러한 단순한 설명은 사춘기 청소년에서 일어나는 변화에 대한 분석적 관찰과 모순된다. 당연하게도, 본능이 생리적 이유로 강해진다고 해서 우리가 필연적으로 그 영향을 더 많이 받는 것은 아니며, 본능의 강도가 약해진다고 해서 이드보다 자아나 초자아가 더 많이 관여하는 정신 현상이 두드러지는 것도 아니다. 신경증 증상과 월경 전 상태에 대한 연구를 통해 우리는 본능의 요구가 급박해질 때마다 자아의 방어 활동 역시 두 배가 된다는 것을 알게 되었다. 반면에 본능의 압박이 줄어들고 이와 연관된 위험이 감소한다면, 이와 더불어 객관적 불안뿐 아니라 양심의 불안과 자아의 본능적 불안 역시 감소한다. 자아가 완전히 이드 속에 잠겨 버리는 경우를 제외하고는, 추측과 반대되는 관계가 발견되는 것이다. 본능적 요구의 압력이 추가적으로 늘어나면 문제가 되는 이 본능에 대한 자아의 저항 역시 단단해지며, 그 저항에 기반한 증상 및 억제 등도 강화된다. 반면에, 만약 본능의 급박성이 감소한다면 자아는 더 관용적이 되어 만족을 쉽게 허락한다. 이는 사춘기 동안 본능의 절대적 강도(물론 이를 절대로 따로 측정하거나 평가할 수는 없다)를 통해 사춘기가 마침내 어떻게 마감될 것인가를 예측할 수 없다는 것을 의미한다. 사춘기의 예후를 결정하는 요소는 상대적이다. 우선,

사춘기의 생리 작용에 의해서 조절되는 이드 충동의 강도가 있다. 두 번째로 자아가 본능을 얼마나 참아 낼 수 있는가 하는 문제가 있는데, 이는 잠재기 동안 형성된 성격에 좌우된다. 세 번째 요소 — 이는 양적 갈등에 영향을 주는 질적 요소인데 — 는 자아가 동원하는 방어 기제의 특성 및 효과인데, 이는 그 특정 개인의 기질 — 즉 히스테리나 강박 신경증에서 얼마나 벗어나 있는가, 그리고 어떻게 성장해 왔는가 — 에 따라 다양하다.

# 12장
## 사춘기의 본능적 불안

인간 생애에서 리비도가 증가하는 시기는 이드의 분석적 탐구를 위해 매우 중요하다는 사실이 항상 인정되어 왔다. 리비도 투여가 증가하면서, 다른 시기였더라면 알아채지 못하였거나 아니면 무의식 속에만 한정되어 있었을 소망, 환상, 본능 작용들이 의식 속에 출현한다. 그리고 필요하다면 의식으로 가는 길을 가로막고 있던 억압으로 인한 장애물들을 극복해 낸다. 이렇게 이들이 열린 장소로 밀고 들어오기 때문에 이제 이드에 접근하는 것이 가능해진다.

자아를 탐구하기 위해서도 이렇게 리비도가 증가하는 시기에 똑같이 주의를 집중해야 한다. 지금까지 보아 왔듯, 본능적 충동이 강화되면 간접적으로 본능을 제어하려는 주체의 노력 또한 배가되기 때문이다. 이때 본능 생활이 조용할 때에는 거의 인식할 수 없었던 자아의 일반적 성향이 더 분명하게 드러나고, 잠재기나 성인기에는 그 윤곽이 분명한 자아 기제들이 지나치게 과장되면서 성격의 병적 왜곡을 일으킨다. 본능 생활에 대해서 취할 수 있는 자아의 다양한 태도들 중에서, 사춘기에 강화될 때 관찰자에게 새로운 충격을 주게 되는 두 가지 태도가 존재한다. 그리고 이는 이 시기에 전형적으로 나타나는 특이한 모습들을 이해하는 데 도움을 준다. 그것은 바로 청소년기의 금욕주의와 주지화다.

## 사춘기의 금욕주의

이드에서 유래하는 과도하고 갑작스러운 본능 및 그와 명백히 모순되는 정반대 태도 사이에서 흔들리는 청소년들은 때때로 본능을 적대하기 시작하는데, 이는 통상적 상황 혹은 그리 심하지 않은 신경증 사례에서 흔히 만날 수 있는 억압의 강도를 훨씬 뛰어넘는다. 그 발현 양상이나 범위로 볼 때 이는 명확한 신경증 질환의 증상보다는 종교적 광신자의 금욕주의를 더 닮았다. 신경증의 경우, 본능의 억압과 억압된 본능의 특질 혹은 특성 사이에는 항상 모종의 연관성이 존재한다. 그리하여 히스테리 환자는 오이디푸스 콤플렉스 대상에 대한 소망과 연관된 성기적 충동을 억압하나, 그 외의 다른 본능적 소망, 즉 항문적이거나 공격적인 충동에 대해서는 다소간 무관심하거나 관용적이다. 강박신경증 환자는 퇴행의 결과 성생활을 매개하게 된 항문적-가학적 소망을 억압한다. 그렇지만 구강적 만족은 용인하며 또한 신경증의 핵과 직접적으로 연관되어 있지 않는 한 과시적 충동을 특별히 수상하게 여기지도 않는다. 또한 우울증의 경우 거부되는 것은 특히 구강적 성향인데 반해, 공포증 환자는 거세 불안과 연관된 충동들을 억압한다. 이 모든 사례에서 주체는 본능을 무차별적으로 거부하지 않으며, 분석을 해보면 억압된 본능의 특질과 주체가 이를 의식에서 추방한 이유 사이에 존재하는 분명한 연관성을 항상 발견할 수 있다.

본능에 대한 청소년의 거부를 분석해 갈 때 우리는 이와는 다른 상황에 마주친다. 여기에서도 역시 거부 과정이 시작되는 지점은 특별한 금지 대상인 본능 생활의 중심, 예컨대 사춘기 전기의 근친상간적 환상 혹은 그러한 소망을 방출하는 신체적 자위행위지만, 거부 과정은 여기에서 시작해서 삶 전체로 다소간 무차별적으로 확장된다. 이미 언급했듯, 청소년들은 통상적 의미에서의 특정한 본능적 소망의 만족 혹은 좌절에 그리 관심이 없다. 내가 염두에 두고 있는 일종의 금욕주의적 단계를 통과하는 젊은이들은 본능의 질적 측면보다는 양 자체를 두려워하는 것처럼 보인다. 그들은 전반적으로 즐거움 자체를 신뢰하지 않으며, 안전을 위해 급박한 욕망일수록 더 가혹한 금지로 맞서는 정책을 취한다. 본능이 〈하고 싶어〉라고 말할 때마다 자아는 〈그래서는 안 돼〉라고 응수하는데, 이는 어린아이들을 어릴 때부터 훈육하는 엄격한 부모를 닮았다. 이러한 청소년들이 보이는 본능에 대한 불신은 위험하게도 쉽게 확산되는 경향이 있다. 이는 엄밀한 의미에서의 본능적 소망에서 시작해서 가장 일상적인 육체적 욕구에까지 그 범위를 넓혀 간다. 우리 모두는 성적 기미가 있는 모든 충동들을 엄격하게 거부하고, 또래 모임을 피하면서 그 어떤 오락에도 참여하지 않으며, 진정 청교도적인 방식으로 영화나 음악 혹은 춤과 얽이기를 거부하는 젊은이들을 만나본 적이 있다. 예쁘고 아름다운 옷을 멀리하는 것이 성의 금지와 연관이 있다는 것은 알고 있지만, 이러한 거부가 무해하고 우리에게 꼭 필요한 것에까지 그 범위를 넓혀 가기 시작할 때 우리는 당황하기 시작한다. 예를 들어 한 젊은이는 추위를 피하는 모든 일상적 방법을 스스로 거부했고, 가능한 모든 방법으로 육욕을 억제하였으며, 건강을 필요 이상으로 위험에 처하게 만들었다. 그는 특정 종류의 구강적 즐거움을 포기하였을 뿐 아니라, 〈도덕적 견지에서〉 매일 섭취하는 음식을 최소한으로 줄였다. 또한 단잠을 푹 자고 난 이후에는 억지로 일찍 일어났으며, 웃거나 미소 짓지도 않으려 했다. 극단적으로 그는 가능한 오랫동안 대소변 보는 것을 거부하였는데, 이는 자신의 모든 신체적 욕구를 바로바로 만족시켜 주어서는 안 된다는 이유에서였다.

　이러한 유형의 본능 거부가 통상적 억압과 다른 부분이 하나 더 있다. 신경증에서 우리는 특정 본능의 만족이 억압될 때마다 그에 대한 대체물을 쉽게 발견하곤 한다. 히스테리에서 이는 전환 — 성적 흥분이 다른 신체적 작용이나 신체 부위를 통해서 방출되고, 이것이 성화되는 것 — 을 통해서 이루어진다. 강박 신경증에서는 퇴행이 일어나는 층위에 대리적 쾌락이 존재하며, 공포증에서도 적어도 약간의 이차적 이득이 항상 있다. 혹은 금지된 형태의 만족은 전치와 반동 형성 과정을 통해서 다른 양식의 즐거움과 맞바뀌는데, 잘 알고 있듯 히스테리 발작이나 틱, 강박 행동, 반추하는 습관과 같은 진정한 신경증 증상은 일종의 타협으로서, 이때 이드의 본능적 욕구는 자아와 초자아의 명령만큼이나 사실상 실현된다. 그러나 청소년기에 특징적으로 보이는 본능의 거부의 경우, 그러한 대체적 만족을 위한 틈새는 남아 있지 않다. 이 기제는 앞의 기제와 완전히 다른 것처럼 보인다. 타협 형성(신경증 증상에 상응하는) 및 전치, 퇴행, 자기 향하기와 같은 통상적 과정 대신에 우리는 거의 항상 금욕주의로부터 본능적 과잉으로의 완전한 전환을 목도한다. 이때 청소년은 갑자기 이전까지 금지해 왔던 모든 것들에 탐닉하기 시작하면서, 그 어떤 외적 제한도 무시해 버린다. 청소년들의 반사회적 성격 때문에 이러한 과잉은 그 자체가 반갑지 않은 징후다. 그럼에도 불구하고 분석적 관점에서 이는 금욕주의 상태로부터의 일시적이지만 자발적인 회복을 의미한다. 그러한 회복이 일어나지 않고, 불가해한 이유 때문에 자아가 너무도 강하여 본능의 거부를 어떤 일탈도 없이 계속 밀어붙인다면, 그 결과 주체의 생명 활동에 마비가 일어날 것이다. 즉, 더 이상 사춘기에 보이는 정상적 현상이라고 볼 수 없는 일종의 경직 상태가 되어, 정신증적 질환으로 간주할 수밖에 없을 것이다.

그렇다면 이제 사춘기 동안 보이는 본능의 거부와 통상적인 억압 과정을 구분하는 것이 정말로 정당한 것인가 하는 의문이 생긴다. 청소년의 경우 이러한 이론적 구분이 정당화되는 것은 다음과 같은 이유 때문이다. 즉, 거부 과정이 시작되는 것은 특정 충동이 지닌 특질보다는 본능의 양 자체에 대한 두려움 때문이며, 이것은 대체적 만족이나 타협 형성을 통해서가 아니라 본능적 과잉과 금욕 상태가 갑작스레 잇달아 일어나거나 병존하는 상태가 되면서—조금 더 정확하게 이야기한다면 이 두 상태 사이를 왕복하면서—끝난다. 한편 알다시피 통상적인 신경증적 억압의 경우에도 억압되는 본능의 양적 투여는 중요한 요소며, 강박 신경증의 경우에도 금지와 몰두가 서로 잇달아 일어나는 일은 아주 흔하다. 그럼에도 불구하고 우리는 청소년의 금욕주의의 경우 진짜 억압이 일어날 때보다 더 원초적이고 단순한 과정이 작동하고 있다는 느낌을 받는다. 아마도 이는 억압의 특수한 사례거나, 어쩌면 억압의 예비적 국면일지도 모른다.

오래전, 신경증에 대한 분석적 연구를 통해 우리는 특정 본능, 특히 성적 본능을 거부하는 어떤 기질이 인간 본성 안에 보편적으로 — 개인적 경험과는 무관하게 — 존재할지도 모른다는 생각을 하게 되었다. 이러한 기질은 계통 발생적으로 유전되는 것으로 보이며, 많은 세대 동안 수많은 개인들이 계속해 온 — 누군가 시작한 것이 아니라 — 억압 행위를 통해 축적된 일종의 퇴적물이다. 그리고 성생활에 대한 인간의 이러한 이중적 태도를 묘사하기 위해 블로일러는 〈양가성〉이라는 단어를 만들어 냈다.

삶이 더 평온한 시기 동안에는 자아의 본능에 대한 기본적 적대 — 소위 본능의 힘에 대한 자아의 공포 — 는 단순한 이론적 개념에 지나지 않는다. 우리는 그것이 본능적 불안의 변함없는 바탕일 거라고 추측하지만, 관찰자에게 있어 이는 객관적 불안이나 양심의 불안이 일으키거나 개인이 충격을 겪으면서 일어나는, 훨씬 더 눈에 잘 띄는 뚜렷한 현상들에 의해 흐려지기 마련이다.

아마도 사춘기나 그 외 본능적 에너지가 갑작스럽게 증가하는 시기 동안 일어나는 본능의 양 증가는 자아의 이드에 대한 이러한 적대를 강화시킬 것이다. 그리고 마침내 이는 능동적인 특정한 방어 기제가 될 것이다. 만약 이것이 사실이라면, 사춘기의 금욕주의는 질적으로 조건화된 일련의 억압 행동이 아니라, 자아와 본능 사이에 존재하는 타고난 적대성 ── 무차별적이고, 일차적이며, 원초적인 ── 의 단순한 표현으로 해석되어야 할 것이다.

### 사춘기의 주지화

우리는 리비도가 증가하는 기간 동안 자아가 취하는 일반적 태도가 명확한 방어 방식으로 발전한다는 결론에 도달했다. 만약 이것이 사실이라면, 이는 사춘기 자아에 일어나는 다른 변화 역시 설명해 줄 수 있을지도 모른다.

알다시피 이 시기 동안 나타나는 변형들 대부분은 본능 생활 및 감정생활 측면에서 일어난다. 더 나아가 이러한 본능과 감정을 제어하려는 시도에 직접적으로 관여할 때, 자아는 항상 이차적 변화를 겪는다. 그러나 이는 청소년기의 변화 가능성을 결코 소진시키지 않는다. 본능 에너지가 증가하면서 청소년들은 더 본능적인 존재가 된다. 이는 자연스러운 일이며 이에 대한 부가적 설명도 필요치 않을 것이다. 이들은 또한 더 도덕적이고 금욕적이게 되는데, 이는 자아와 이드 사이에 갈등이 일어나기 때문이다. 그러나 이들은 거기에 더해 더 지적이게 되며, 지적 관심 역시 더 날카로워진다. 처음에 우리는 이러한 지적 성장이 본능 발달 및 더 맹렬한 공격에 저항하기 위한 자아 조직의 강화와 어떻게 연결되어 있는지 이해하지 못했다.

일반적으로 사람들은 본능 혹은 감정의 폭풍과 주체의 지적 활동 사이에는 반비례 관계가 있을 거라고 예상할 것이다. 사랑에 빠진 정상 상태에서도 지적 능력은 감소하는 경향이 있으며, 이성의 신뢰성 역시 평소보다 줄어든다. 본능적 충동을 실현하려는 욕망이 강할수록 지적으로 이를 사유하려는 마음은 줄어들 것이며, 욕망의 근거를 이성적으로 검토하려고 하지도 않을 것이다.

그러나 언뜻 보면 청소년의 경우에는 그 역이 참인 것 같다. 다른 방향에서의 빠른 성장만큼 지적 능력의 갑작스러운 성장이 눈에 띄며 우리를 놀라게 한다. 알다시피 잠재기 동안 남자아이들의 모든 관심은 실재적이고 객관적인 존재에 집중된다. 어떤 소년들은 인간의 발견이나 탐험에 대한 책을 읽기 좋아하며, 어떤 아이들은 숫자 및 비례에 관심을 쏟는다. 아니면 이상한 동물이나 물건에 대한 이야기에 몰두한다. 또 다른 아이들은 기계 — 가장 단순한 것으로부터 가장 복합한 형태에까지 이르는—에 모든 주의를 쏟아 붓기도 한다. 이러한 유형의 아이들은 공통적으로 구체적 존재에 몰두한다. 어린 시절에 즐겼던 동화나 우화와 같은 환상의 산물들이 아니라 실재적인 물질적 존재에 말이다. 그런데 사춘기 전기가 시작되면, 구체적인 것에 관심을 보이던 잠재기의 성향이 추상에 자리를 내어 주게 되고 이 성향은 점점 더 뚜렷해진다. 특히, 베른펠트가 〈연장된 사춘기〉의 특징을 보인다고 서술했던 유형의 청소년들은 추상적 주제에 대해서 사유하고, 거기에 마음을 쏟고, 그에 대해서 이야기를 나누고자 하는 도저히 만족시킬 수 없는 욕망을 가지고 있다. 젊은이들의 많은 우정이 이러한 주제를 같이 숙고하고 이에 대해서 토론하고자 하는 욕망에 기반하고 이를 통해 유지된다. 이러한 추상적 관심의 범위 그리고 이 젊은이들이 해결하고자 하는 문제들의 범위는 매우 넓다. 이들은 자유연애나 결혼 혹은 가정생활에 대해 논쟁하기도 하고, 어디에도 소속되지 않는 삶과 직업 선택에 대해서, 방랑과 정착에 대해서도 이야기한다. 종교나 자유 사고에 대한 철학적 문제를 토론하고, 혁명 대 권위에의 복종과 같은 다양한 정치 이론이나 우정 그 자체의 수많은 형태에 대해서도 이야기를 나눈다. 만약 분석에서 종종 그렇듯 젊은이들이 어떤 대화를 나누는지에 대한 신뢰할 만한 보고를 받아 볼 수 있다면, 아니면 사춘기에 대해 연구했던 많은 사람들이 그랬듯 청소년들의 일기와 낙서를 조사해 볼 수 있다면, 우리는 이들의 생각이 미치는 범위가 참으로 넓다는 것에 놀랄 뿐 아니라, 거기 표현된 이해와 공감의 강도에 감명을 받을 것이다. 또한 이들의 사유가 성숙한 사상가들보다 명백히 앞선다는 사실뿐 아니라 가장 어려운 문제를 다룰 때 드러나는 그 지혜 때문에 때로 깊은 인상을 받을 것이다.

그러나 청소년의 지적 과정에 대한 연구에서 관심을 돌려 이러한 지적 능력이 이들의 일상생활과 얼마나 잘 어울리고 있는지 들여다보면, 생각이 달라진다. 놀랍게도 이러한 정밀한 지적 능력이 실제 행동에는 거의 아무런 영향도 미치지 못하는 것이다. 이들은 타인의 정신 작용에 대해 공감하면서도 주변 가장 가까운 사람들에게는 터무니없을 정도로 배려가 없다. 사랑과 연인의 의무에 대한 숭고한 관점도 이들이 다양한 연애 사건 속에서 반복적으로 저지르는 부정과 냉담을 누그러뜨리지 못한다. 사회 구조에 대한 이해 및 관심이 성인기보다 훨씬 나으면서도, 그것이 사회 속에서 자신의 자리를 찾는 데 아무런 도움이 되지 못한다. 그뿐 아니라 다양한 관심사가 이들이 단 하나의 것 — 자신의 인격에 대한 몰두 — 에 집중하는 것을 방해하지 못한다.

특히 분석에서 이러한 지적 관심사에 대해서 탐구할 때, 우리는 일상적 의미의 지성과는 완전히 다른 무언가를 마주하고 있다는 것을 깨닫는다. 다양한 애정 문제나 직업 선택에 대해서 숙고할 때, 청소년들은 성인처럼 무엇이 올바른 행동인가를 알아내기 위해서 그러는 것이 아니다. 혹은 분해했다가 다시 조립하는 법을 알기 위해서 기계를 들여다보는 잠재기 소년 같지도 않다. 청소년의 지성은 오로지 백일몽에 봉사하는 것 같다. 역시 사춘기 전기의 야망으로 가득한 환상에도 이를 실현하고픈 의도가 담겨 있지 않다. 위대한 정복자가 되는 환상을 품는다고 해도, 이 젊은이는 이를 위해 현실에서 용기나 참을성을 증명해야 한다는 의무감을 전혀 느끼지 않는다. 마찬가지로 그가 단순히 생각하고 숙고하고 토론하는 과정 자체로부터 만족을 얻는다는 사실은 명백하다. 행동을 결정하는 것은 다른 요소들이며, 이러한 지적 곡예는 별다른 영향을 미치지 못하는 것이다.

청소년의 지적 작용을 분석할 때 우리를 놀라게 하는 문제가 또 하나 있다. 면밀히 조사해 보면, 청소년들이 주로 관심을 두는 주제는 서로 다른 정신 조직 간에 갈등을 불러일으킨 바로 그 주제들이다. 다시 한 번, 여기에서 문제는 인간 본성의 본능적 측면과 삶의 나머지 측면들 사이에 어떤 관계를 맺을 것인가 하는 것이다. 또한 성적 충동을 실현에 옮길 것인가 아니면 자제할 것인가를 결정하는 것이고, 자유와 구속, 권위에 대한 저항과 순종 사이에서 결심하는 것이다. 지금까지 보아 왔듯 무조건 본능을 금지하는 금욕주의는 일반적으로 청소년이 바라는 것을 이루어 주지 못한다. 위험은 상존하기 때문에 이들은 이를 극복하는 많은 방법들을 고안해 내야만 하고, 본능적 충동에 대해서 〈숙고하는 것〉 — 주지화 — 은 적당한 방법 중 하나로 보일 것이다. 이때 본능으로부터의 금욕주의적 도피는 이를 향해 몸을 돌리는 것으로 대체된다. 그러나 이는 생각 속에서만 일어날 뿐으로, 하나의 지적 과정에 불과하다. 젊은이들이 즐기는 추상적인 지적 토론 및 숙고는 현실이 부과한 과업을 해결하는 진정한 시도가 아니다. 오히려 정신 활동은 이들이 본능 작용에 강렬하게 집중하면서 자신이 지각한 것을 추상적 사고로 바꾸고 있다는 징후다. 이들이 구축하는 삶의 철학 — 이는 외부 세계의 혁명에 대한 요구일 수도 있다 — 은 사실 이드의 새로운 본능적 요구 — 삶 전체에 대변혁을 가져올 것 같은 — 의 지각에 대한 반응인 것이다. 이들이 지닌 우정 및 변치 않는 충성에 대한 이상은 단지 새로웠고 열정적이었던 대상관계의 소실로 인한 자아의 혼란을 반영하고 있는 것일 뿐이다.[32] 자신이 지닌 강

---

[32]  청소년이 삶과 죽음의 의미에 대해서 그토록 곰곰이 생각하는 이유가 그 정신 속의 파괴적 활동 때문이라는 이야기를 해준 것은 부다페스트의 마기 두보비츠다.

력한 본능에 대한 종종 희망 없는 싸움 속에서 누군가의 지도와 지지가 있었으면 하는 갈망은 인간이 홀로 정치적 결정을 내릴 수 없다는 식의 순진한 논쟁으로 변형될 것이다. 여기에서 우리는 본능 작용이 지적 용어로 번역되고 있음을 본다. 그러나 그럼에도 본능에 주의가 집중되는 이유는 이를 다른 정신적 층위에서 이해하고 제어하려는 시도가 이루어지고 있기 때문이다. 다들 기억하고 있듯, 정신 분석적 메타 심리학에 따르면 감정 및 본능 작용과 단어 표상과의 연결은 본능의 제어 — 개인이 성장하면서 이루어〈야만 하는〉— 를 향한 첫 번째이자 가장 중요한 발걸음이다. 이러한 논의 속에서 사고는 〈리비도를 적게 소비(방출)하면서 상대적으로 적은 양의 리비도 투여를 전치시키는, 일종의 실험적 행동〉(프로이트, 1911)이다. 이와 같은 본능 생활의 주지화는 본능 작용과 의식에서 다룰 수 있는 개념을 서로 연결시킴으로써 이를 장악하려는 시도로서, 가장 이른 시기에 이루어지는 인간 자아의 가장 일반적이고 또한 가장 필수적인 성취 중 하나다. 우리는 이를 자아의 활동이 아니라 자아를 구성하는 필수 불가결한 요소로 간주한다.

다시 한 번 여기에서 우리는 〈사춘기의 주지화〉개념에 포함되는 현상들이 단지 리비도가 갑작스럽게 증가하는 특이 상황하에서 보이는 자아의 일반적 태도가 과장된 것에 불과하다는 인상을 받는다. 단순히 리비도 양이 증가하니까 자아가 수행하는 기능 중 하나가 이에 주의를 기울이는 것이다. 물론 다른 때였더라면 이 기능은 말하자면 조용하게 작동하였을 것이다. 만약 이것이 사실이라면, 이는 청소년기 동안의 지적 능력 증대 — 그리고 아마도 정신증적 질환이 막 발병할 무렵에 특징적으로 꾸준하게 관찰되는, 정신 과정에 대한 지적 이해의 주목할 만한 향상 또한 — 가 사고라는 수단을 통해서 본능을 제어하고자 하는 자아 측의 통상적 노력의 일부에 불과하다는 것을 의미할 것이다.

여기에서 우리는 위의 일련의 사유를 통해 도달한 두 번째 발견에 주목해 볼 수 있다. 리비도 투여 증가가 자동적으로 본능 작용을 지적으로 파악하려는 자아의 노력을 배가시킨다는 것이 사실이라면, 이를 통해 우리는 본능적 위험이 인간을 영리하게 만들어 준다는 것 또한 이해할 수 있을 것이다. 본능 생활이 평온하여 아무런 위험 역시 존재하지 않을 때, 우리는 스스로에게 어느 정도의 어리석음을 허용할 수 있다. 이러한 면에서 본능적 불안은 우리에게 친숙한 객관적 불안의 효과를 가지고 있다. 객관적 위험과 궁핍이 인간을 고무하여 난관을 헤쳐 나가는 진지한 시도와 지적 위업으로 이끈다면, 객관적 안전과 여유는 우리를 편안한 바보로 만드는 경향이 있다. 본능 작용에 대한 지적 집중은 그 기능상 자신을 둘러싼 객관적 불안을 대면하는 인간 자아에게 필요한 기민함과 유사한 것이다.

지금까지 잠재기가 시작될 무렵 보이는 지적 능력 저하는 다른 식으로 설명되어 왔다. 초기 아동기의 눈부신 지적 성취는 성의 신비에 대한 탐구와 밀접하게 연관되어 있다. 그리고 이 주제가 금기시 된다면, 그 억제와 금지는 사고의 다른 영역까지 영향을 미친다. 사춘기 전기에 성이 다시 불타오르면서, 다시 말해서 초기 아동기의 성적 억압이 붕괴되면서 주체의 지적 능력 또한 오래 묻혀 있던 그 힘을 다시 회복한다는 것은 그리 놀랍지 않은 일이다.

이러한 통상적 설명 외에 우리는 두 번째 설명을 추가하고자 한다. 잠재기 동안 아이들은 〈감히〉 추상적 사고에 몰두하려 하지 않는다. 그들에겐 그럴 이유가 없다. 그러나 유아기와 사춘기는 본능적 위험의 시기이며, 이 시기를 특징짓는 〈지성〉은 최소한 부분적으로는 주체가 그 위험을 극복하는 것을 돕는다. 반면 잠재기와 성인기에 자아는 상대적으로 강하기 때문에 본능 작용을 주지화하는 노력을 줄여 가면서도 아무런 상처를 입지 않을 수 있다. 동시에 우리는 특히 사춘기 동안의 이러한 정신적 성취가 비록 아무리 그 자체 눈부시고 비범하다고 할지라도, 상당 정도는 별다른 성과를 거두지 못한다는 사실을 잊지 말아야 한다. 어떤 면에서 이는 우리가 그토록 경탄하고 높이 평가해 마지않는 초기 아동기의 지적 업적에도 해당되는 이야기다.

이를 위해서는 정신 분석이 아이의 지적 활동의 가장 명확한 표현으로 간주하는 유아기의 성에 대한 탐색이 성인 성생활에 대한 진짜 진실에 이른 적이 거의 없다는 사실을 생각해 보기만 하면 될 것이다. 대체로 유아는 마침내 유아적 성 이론을 구축해 내지만, 이는 현실을 표상하지 못하며 오직 유치한 관찰자의 마음속에서 일어나는 본능 작용만을 반영할 뿐이다. 잠재기와 성인기 동안 자아가 수행하는 지적 작업은 이와는 비교할 수 없을 정도로 더 견고하고 믿을 만하며, 또한 다른 무엇보다 행동과 훨씬 더 밀접하게 결부되어 있다.

## 사춘기의 대상 사랑과 동일시

이제 사춘기의 특징인 금욕주의와 주지화가 불안 및 위험에 대한 방어 과정을 이해하려는 우리의 계획에 어떻게 포함될 수 있는지 살펴보자. 즉시 우리는 문제가 되는 이 두 방법이 모두 세 번째 유형의 방어로 분류될 수 있다는 것을 알 수 있다. 자아는 자신이 본능 속에 잠겨 버릴까 봐 두려워한다. 다른 무엇보다 자아가 두려워하는 것은 본능의 〈양〉이며, 우리는 이러한 불안이 개인 발달의 아주 이른 시기에 발원한다고 믿는다. 연대적으로 보면 이는 자아가 미분화된 이드에서 점진적으로 분리되어 나오는 시기에 속한다. 본능의 힘에 대한 두려움 때문에 자아가 채택하는 방어 수단은 자아와 이드 사이의 구분을 유지하고, 새로이 구축된 자아 조직을 굳건하게 지키기 위한 것이다. 금욕주의가 스스로 정한 임무는 다만 금지를 부과함으로써 이드를 묶어 두는 것이며, 주지화의 목표는 본능 작용을 개념적 내용물과 긴밀하게 연결시킴으로써 의식이 접근 가능케 하고 이를 통해 본능을 쉽게 통제하는 것이다.

이제 리비도의 갑작스러운 증가로 인해 개인이 본능의 힘에 대한 원시적 수준의 공포를 다시 느낀다면, 나머지 본능 작용 및 자아 작용 역시 이에 영향을 받지 않을 수 없다. 이제 나는 사춘기의 수많은 독특한 모습들 중에서 가장 중요한 두 가지를 골라, 이와 자아 퇴행 과정과의 연관성을 추적해 볼 것이다.

청소년의 삶에서 가장 주목할 만한 현상은 사실 대상 관계와 연관되어 있다. 그리고 서로 대립하는 두 가지 성향 사이의 갈등이 바로 이 지점에서 가장 잘 관찰된다. 지금까지 보아 왔듯, 본능에 대한 일반적 적대가 유발하는 억압은 보통 사춘기 전기의 근친상간 환상을 가장 먼저 공격한다. 자아의 의심과 금욕주의는 일차적으로 어린 시절의 모든 사랑 대상에 대한 주체의 고착을 향한다. 그 결과, 한편으로 청소년들은 스스로를 고립시킨다. 이제 그는 다른 가족

구성원들과 마치 남인 것처럼 살아갈 것이다. 그러나 자아의 본능에 대한 타고난 적대를 끌어들이는 것은 외부의 사랑 대상과의 관계뿐만이 아니다. 초자아와의 관계 역시 같은 사태를 겪는다. 이 시기의 초자아가 여전히 부모와 관계에서 유래한 리비도 투여를 받고 있는 한, 초자아는 그 자체로 수상쩍은 근친상간적 대상으로 취급되며 결국 금욕주의의 희생양이 된다. 자아가 스스로 초자아를 멀리하는 것이다. 이러한 초자아의 부분적 억압 및 초자아 내용물 일부로부터 거리를 두는 현상은 청소년기의 가장 큰 괴로움 중 하나다. 이러한 자아와 초자아 사이의 관계 파괴의 일차적 귀결은 본능의 위협이 늘어나는 것이다. 개인은 비사회적인 사람이 될 가능성이 높다. 이러한 혼란이 발생하기 전에는 자아와 초자아의 관계 속에서 솟아난 의식의 불안 및 죄책감은 본능과의 투쟁에 있어 가장 강력한 동맹이었기 때문이다. 사춘기가 시작되면서 초자아의 모든 내용물에 대한 일시적인 과투여가 종종 일어난다는 증거가 있다. 이는 아마도 소위 청소년기의 〈이상주의〉에 대한 설명이 될 수 있을 것이다. 이제 우리가 처한 상황은 다음과 같다. 즉, 그 자체가 본능적 위험이 증가한 결과인 금욕주의가 실제로는 초자아와의 관계를 파괴하고, 이 때문에 초자아 불안이 유발하는 방어 수단을 무력화시킨다. 그 결과 자아는 순수한 본능적 불안 및 이 층위의 특징인 원초적 방어 기제에 훨씬 더 난폭하게 내던져진다.

　그러나 이와 같은 자기 고립 및 사랑 대상 피하기가 청소년기에 활동을 시작하는 유일한 성향은 아니다. 많은 새로운 애착들이 어린 시절의 사랑 대상에 대한 억압된 고착을 대신한다. 때로 우리는 또래에게 애착을 느끼는데, 그럴 때 관계는 열정적 우정이나 실제 사랑의 형태를 취한다. 어떤 때는 자신보다 나이가 많은 사람에게 애착을 느끼면서, 그를 자신의 지도자로 받아들인다. 그리고 이는 분명 저버렸던 부모 대상의 대체물이다. 이 사랑 관계는 그것이 유지되는 동안에는 열정적이고 배타적이지만, 사실 그리 오래 가지는 못한다. 사람들은 대상으로 선택되었다가 감정에 대한 아무런 배려 없이 버려진다. 그리고 다른 사람이 선택되어 그 자리를 대신 차지한다. 버려진 대상은 빠르고 완전하게 잊히지만, 그 관계의 형태는 강박이라고 부를 수 있을 정도의 정확성으로 가장 정밀한 세부 사항까지 보존되면서 새로운 대상과의 관계 속에서 대개 재생산된다.

　사랑 대상에 대한 이러한 인상적인 충실함에 더하여 우리는 사춘기 대상관계의 독특한 점 또 하나에 주목한다. 청소년들은 말 그대로의 물리적 의미에서 대상을 소유하려 하기보다는, 바로 이 순간 마음의 중심을 차지하고 있는 사람과 가능한 최대로 동화하려고 한다.

　젊은이들의 변덕스러움은 진부한 일이다. 글씨, 말투,

머리나 옷 스타일, 그 외 모든 종류의 습관들에 있어 이들은 다른 어떤 연령의 사람들보다 훨씬 더 쉽게 자신을 바꾼다. 종종 한번 흘끗 보기만 해도, 이 청소년이 누구를 숭배하고 있는지 알 수 있다. 그러나 이들의 변화 능력은 여기에 그치지 않는다. 삶에 대한 철학, 종교, 정치관 역시 이것에서 저것으로 교체되면서 바뀌어 가는 것이다. 그렇지만 아무리 자주 바뀐다고 하더라도 청소년들은 자신이 열정적으로 채택한 관점이 옳다는 사실을 항상 열정적으로 그리고 단호하게 확신한다. 이러한 측면에서 이들은 헬렌 도이치(1934)가 성인 심리학에 대한 임상 작업 속에서 신경증과 정신증 사이 경계에 있다고 서술한 유형의 환자와 닮아 있다. 도이치는 이 유형의 환자를 〈가장성〉 유형의 인간이라고 불렀다. 이들이 모든 새로운 대상관계 속에서 진짜 자신의 삶을 살고 자신의 감정과 의견과 견해를 표현하는 것처럼 〈가장〉하기 때문이었다.

분석했던 한 소녀의 사례에서 이러한 변형 과정이 근거하고 있는 기제가 유독 뚜렷하게 드러났다. 채 일 년도 지나지 않아 그녀는 소녀에서 소년으로, 소년에서 나이 많은 여인으로 그렇게 친구를 수차례 바꿔 갔다. 매번 그녀는 버려진 사랑 대상에 무관심해졌을 뿐 아니라 바로 그 사람에게 남다르게 격렬한 혐오 — 경멸에 가까운 — 를 품었고, 그 사람을 우연히든 어쩔 수 없이든 만나는 것은 도저히 견딜 수 없다고 느꼈다. 충분한 분석 작업 후에 우리는 마침내 이전 친구에 대한 감정이 그녀 자신의 것이 아니라는 사실을 발견했다. 사랑 대상이 바뀔 때마다 그녀는 자신의 내적 외적 생활과 연관된 모든 측면에서 새로운 친구의 관점을 받아들이고 그에 맞추어 행동해야 한다는 의무감을 느꼈다. 그로 인해 그녀는 더 이상 자신의 감정을 경험하지 못했고, 바로 그 순간 친구의 감정을 느꼈다. 이전에 사랑했던 사람들에 대한 혐오 역시 실제로는 그녀의 감정이 아니었다. 공감 과정을 통해서 새 친구의 감정을 공유하게 되었던 것이다. 따라서 그녀는 한때 사랑했던 사람에 대해서 〈새 친구〉가 느낄 거라고 상상하는 질투를, 그리고 잠재적 경쟁자들에 대한 〈새 친구〉(그녀가 아니라)의 경멸을 표현했던 것이다.

사춘기의 이 같은 상황 혹은 이와 비슷한 국면의 정신적 상황은 아주 간단하게 묘사해 볼 수 있다. 이들의 열정적이지만 무상한 사랑 고착은 성인에 대해서 말할 때 사용하는 의미에서의 대상관계가 절대로 아니다. 이는 초기 유아기의 발달을 연구할 때나 만나 볼 수 있는, 대상 사랑 이전의 가장 원시적 유형의 동일시다. 따라서 사춘기에 보이는 변덕은 개인의 사랑이나 확신의 내적 변화가 아니라 오히려 동일시 대상의 변화로 인한 인격의 상실을 보여 준다.

열다섯 살 소녀의 분석을 통해 드러난 과정을 통해 이

처럼 쉽게 동일시하는 성향이 어떤 역할을 하는지 들여다볼 수 있을 것이다. 환자는 특출하게 예쁘고 매력적인 소녀였으며, 이미 사교 집단에서 한 자리를 차지하고 있었다. 그러나 그럼에도 불구하고 그녀는 아직 아이에 불과한 여동생에 대한 미칠 것 같은 질투로 고통받았다. 사춘기에 환자는 이전의 모든 관심사를 내던지고 주변 모든 소년과 남자들의 사랑과 찬미를 얻고자 하는 단 하나의 욕망을 좇았다. 그녀는 모임이나 댄스파티에서 만나곤 하던 자신보다 나이가 조금 많은 소년과 멀리서 격렬한 사랑에 빠졌다. 이 시기에 그녀는 내게 편지를 썼는데, 그 안에는 이 연애 사건과 관련한 의심과 걱정이 표현되어 있었다.

〈제발 가르쳐 주세요.〉 그녀는 이렇게 썼다. 〈그를 만나면 어떻게 행동해야 할까요? 진지해야 할까요, 아니면 명랑해야 할까요? 영리하단 걸 보여 줘야 날 좋아할까요, 아니면 어리숙한 척해야 할까요? 계속 《그》에 대해서 이야기해야 할까요, 아니면 나 자신에 대한 이야기도 해야 할까요?〉 다음에 환자가 분석에 왔을 때, 나는 이 질문에 직접 대답해 주었다. 미리 어떻게 행동할지 계획하는 것은 아마도 필요치 않을 거라고 말했다. 그 순간에 자기 자신이 되어 느끼는 대로 행동할 수는 없을까? 그녀는 그것은 결코 도움이 되지 않는다고 확신하면서, 타인의 취향과 바람에 맞춰야 하는 필요성에 대한 장광설을 늘어놓았다. 그래

야만 다른 사람이 자신을 사랑하게 만들 수 있다고 하면서, 이 소년의 사랑을 얻지 못하면 더 이상 살 수 없을 것 같다고 했다.

바로 그 직후에 환자는 세계 종말과 비슷한 어떤 환상을 떠올렸다. 「모든 사람이 죽으면 어떻게 될까요?」 그녀는 물었다. 모든 친구와 관계들이 떠나 버리고 마침내 지구상에 혼자 남는다면? 그녀의 목소리, 억양, 그리고 환상의 세부적인 부분을 이야기하는 방식은 이 환상이 일종의 소원 성취라는 것을 보여 주었다. 그녀는 이에 대해서 연상하는 것을 즐겼고, 아무런 불안도 느끼지 않았다.

이 지점에서 나는 그녀의 사랑받고자 하는 강렬한 욕망을 상기시켰다. 하루 전만 해도 친구 중 하나가 자신을 좋아하지 않는다는 생각 혹은 그의 사랑을 잃는다는 생각만으로도 절망에 빠져들지 않았던가. 그러나 당신이 인류의 유일한 생존자라면 누가 당신을 사랑해 줄까? 그녀는 전날의 걱정에 대한 내 이야기를 차분하게 정리해 버렸다. 「그러면 나 자신을 사랑할 거예요.」 그녀는 모든 불안을 던져 버린 것처럼 말했다. 그리고 깊은 안도의 한숨을 내쉬었다.

이 환자 사례에 대한 짧은 분석적 관찰을 통해서 우리는 사춘기 대상관계의 어떤 특징을 이해해 볼 수 있을 것 같다. 이전 관계의 파괴, 본능에 대한 적대, 그리고 금욕주의는 모두 외부 세계를 향한 리비도를 제거하는 효과가 있다. 이렇게 청소년들은 대상 리비도를 주변에서 회수해서 스스로에게 집중시킬 위험에 처해 있다. 자아 속으로 퇴행 했듯, 리비도 역시 대상 사랑으로부터 자기애로 퇴행할 수 있는 것이다. 이들은 이 위험으로부터 도망치기 위해 외부 대상과 다시 한 번 접촉하려 필사적으로 시도한다. 비록 그 것이 자기애를 통해서, 다시 말해서 일련의 동일시를 통해 서만 가능하더라도 말이다. 이러한 관점에 따르면, 청소년 의 열정적 대상관계는 회복의 시도를 의미할 것이며, 이러 한 측면에서도 청소년은 막 증상이 악화되기 시작하는 정 신증 환자와 닮았다.

사춘기에 대해 설명하면서 이 시기의 독특한 특색을 정신증이라는 위중한 질환과 그토록 자주 비교해 왔기에 (물론 이 연구는 여전히 미완성이다), 이 국면 동안 일어나는 과 정의 정상성 및 비정상성에 대해서 한마디 하는 것이 나을 것 같다.

사춘기를 정신증의 주기적 재발의 시초와 비교하는 근 거는 리비도 투여의 양적 변화가 일으키는 결과에 있다. 각 각의 경우 이드의 리비도 투여 증가는 본능적 위험을 악화 시키며, 자아가 가능한 모든 방법으로 자신을 방어하려는 노력을 배가하도록 만든다. 이러한 양적 작용 때문에 정신 분석은 리비도가 증가하는 인간 생애의 모든 시기는 신경 증 혹은 정신증적 질환의 시작점이 될 수 있다고 항상 생각해 왔다.

두 번째로, 정신증 발병과 사춘기는 본능의 힘에 대한 자아의 공포—그 어떤 객관적 불안이나 양심의 불안보다 더 오래된 불안—와 연관시켜 온 원초적 방어 태도의 출현이라는 측면에서 서로 닮았다.

특정 개인의 사춘기에 일어나는 과정을 우리가 정상으로 보느냐 아니면 비정상으로 보느냐 하는 것은 아마도 내가 열거했던 특색 중 어떤 것이 우세하느냐, 혹은 그 특색들 중 몇 가지가 동시에 나타나느냐 하는 문제에 달려 있을 것이다. 지성이 자유롭게 기능하고 얼마간의 건강한 대상 관계가 존재한다면 우리는 금욕주의적 청소년을 정상으로 받아들일 수 있을 것이다.

본능 작용을 주지화하는 유형이나, 이상주의적 유형, 혹은 하나의 열정적인 우정에서 다른 관계로 성급하게 옮겨 다니는 청소년에게도 비슷한 조건이 적용된다. 그러나 만약 금욕주의적 태도가 지나치게 가혹하게 고수되거나, 주지화 과정이 정신생활 전체를 압도하거나, 타인과의 관계가 오로지 끊임없이 바뀌는 동일시에만 기반하고 있다면, 교사나 분석가가 관찰을 통해서 이것이 어디까지 정상 발달 과정 속의 일시적 국면이고, 어디까지가 이미 병적인 것인지 판단하는 것은 쉽지 않을 것이다.

# 결론

　앞선 장에서 나는 특정 불안 상황이 작동시키는 다양한 방어 기제들을 분류해 보려 노력했다. 또한 몇몇 임상 실례를 통해 이를 예증해 보려 했다. 자아의 무의식적 활동에 대한 지식이 늘어난다면, 앞으로는 아마도 훨씬 더 정확한 분류가 가능할 것이다. 그러나 개인이 성장하면서 겪는 전형적 경험과 특정 유형의 방어 발생 사이의 시기적 연관성은 여전히 상당히 모호하다. 임상 실례들을 들여다보면 전형적으로 자아가 부인 기제에 의지하는 상황은 거세에 대한 생각 및 사랑 대상 상실과 연관되어 있는 것 같다. 반면, 특정 상황에서 본능적 충동의 이타주의적 포기는 자기애적 굴욕을 극복하는 특수한 수단이 되는 것처럼 보인다. 외부 그리고 내부의 위험에 대한 각각의 방어 수단들 사이에 상당한 유사성이 존재한다는 것을 이미 우리는 제법 정확하게 알고 있다. 외부 자극이 〈부인〉을 통해서 소멸되듯, 〈억압〉은 본능적 파생물을 제거한다. 〈반동 형성〉이 내부에서 되살아난 억압된 충동으로부터 자아를 지켜 낸다면, 〈실제 상황을 역전시키는 환상〉을 통해 외부로부터의 전복을 막아 내어 〈부인〉을 유지한다. 본능적 충동의 〈억제〉는 외부적 원천에서 오는 불쾌를 피하기 위해 자아에 부과되는 〈제한〉에 상응한다. 그리고 내부의 위험을 예방하는 수단인 본능 작용의 〈주지화〉는 외부 위험에 대한 자아의 한결같은 〈기민함〉과 닮았다. 역전이나 자기 향하기와 같은 다른 모든 방어 수단들 역시, 주변 세계의 상황을 변화시키기 위해 외부 위험에 능동적으로 개입하는 자아의 시도에 대응한다. 그러나 자아 활동의 이 마지막 측면에 대해서 여기에서 더 자세히 이야기하는 것은 불가능하다.

이렇게 내부와 외부 사이의 상응을 비교해 가다 보면 의문이 하나 생긴다. 자아는 과연 어디에서 방어 기제의 형태를 끌어오는가? 외부 세력과의 투쟁은 본능과의 갈등을 모방하는가? 아니면 그 역이 진실일까? 그러니까, 외부적 투쟁에서 채택되는 수단들이 다양한 방어 기제의 원형인가? 이 둘 중 어느 쪽이 옳은지 결정하는 일이 단순할 리 없다. 유아적 자아는 본능적 자극과 외부적 자극의 맹습을 동시에 경험한다. 따라서 유아적 자아가 존재를 보존하고

자 한다면 이 두 측면과 동시에 싸워야 한다. 정복해야 하는 다양한 종류의 자극들과의 투쟁 속에서 유아적 자아는 고유한 필요에 따라 무기를 고를 것이고, 한 번은 내부로부터, 또 한 번은 외부로부터의 위험에 대해서 스스로 무장할 것이다.

본능을 방어할 때 자아는 어느 정도까지 나름의 법칙을 따르고, 또 어느 정도까지 본능 그 자체의 특성에 영향을 받을까? 아마도 우리는 유사한 과정인 〈꿈 왜곡〉과 비교해 봄으로써 이 문제에 대한 약간의 통찰을 얻을 수 있을 것이다. 잠재적 꿈 사고를 발현된 꿈 내용으로 번역하는 일은 수면 중 자아의 대표자인 검열의 명령하에서 이루어진다. 그러나 자아가 꿈 작업 자체를 수행하는 것은 아니다. 꿈에서 일어나는 응축, 전치, 그리고 다양하고 기묘한 표상 양식들은 이드 고유의 과정이며, 그 목적은 오로지 왜곡이다. 같은 식으로 다양한 방어 수단들은 전적으로 자아의 작품이 아니다. 본능 작용 자체가 변형되는 한, 자아는 본능이 고유하게 지닌 속성을 활용한다. 예를 들어 본능 작용이 쉽게 전치되는 성향이 있다면, 이는 〈승화〉 기제를 돕는다. 그리고 이를 통해 자아는 본능적 충동의 방향을 원래의 순수하게 성적인 목표로부터 사회가 높이 평가하는 목표로 변환시킨다는 자신의 목적을 달성할 수 있다. 또한 〈반동 형성〉을 통해 퇴행을 보호하면서 자아는 본능의 〈역전〉

능력을 활용한다. 이제 우리는 방어가 공격을 이겨 내기 위해서는 두 겹의 기초 — 한편으로는 자아, 다른 한편으로는 본능 작용의 본래적 본성 — 위에서 구축되어야 한다는 것을 짐작할 수 있다.

그러나 자아가 자신이 동원하는 방어 기제들을 고안해 내는 데 있어 완전히 자유롭지 않다는 것을 인정하더라도, 이 기제들에 대해 연구하면서 우리는 자아의 엄청난 위업에 깊은 인상을 받는다. 신경증 증상의 존재 자체가 그동안 자아가 압도당해 왔다는 징후며, 억압된 충동의 모든 귀환 및 그로 인한 타협 형성은 방어 계획이 실패했고 자아가 패배했다는 증거다. 그러나 방어 수단들이 그 목표를 달성할 때 자아는 승리를 거둔다. 즉, 방어를 통해 불안 및 불쾌의 발달을 제한함으로써 자아가 본능을 변형시키는 것이 가능하게 되고, 동시에 상황이 어려울 때조차 본능을 만족시킬 수 있는 어느 정도의 수단을 보장해 줄 수 있다면, 이드, 초자아, 그리고 외부 세계 세력들 간에 가장 조화로운 관계가 구축될 수 있는 것이다.

# 참고 문헌

Alexander, F. (1933), The Relation of Structural and Instinctual Conflicts. *Psychoanal. Quart.*, 2:181-207.

Angel, A. (1934), Einige Bemerkungen über den Optimismus. Int. Z. *Psychoanal.*, 20:191-199.

Berfeld, S. (1923), Über eine typische Form der männlichen Pubertät. *Imago*, 9:169-188.

Bornstein, B. (1936), Ein Beispiel für die Leugnung durch die Phantasie. Z. *Psychoanal. Päd.*, 10:269-275.

Breuer, J. & Freud, S. (1893-1895), Studies on Hysteria. *Standard Edition*, 2.

Deutsche, H. (1993), The Psychology of Manic-Depressive States, with Particular Reference to Chronic Hypomania. In: *Neuroses and Character Types: Clinical Psychoanalytic Studies*. New York: International Universities Press, 1965, pp. 203-217.

Deutsch, H. (1934), Some Forms of Emotional Disturbances and Their Relationship to Schizophrenia. In: *Neuroses and Character Types: Clinical Psychoanalytic Studies*. New York: International Universities Press, 1965. pp. 262-281.

Federn, P. (1936), On the Distinction between Healthy and Pathological Narcissism, In: *Ego Psychology and the Psychoses*. London: Hogarth Press, 1952, pp. 323-364.

Freud, Anna.(1926-1927), Introduction to the Technique of Child Analysis. Retitled 'Four Lectures on Child Analysis' in *Introduction to Psychoanalysis*. London: Hogarth Press, 1974.

Freud, Sigmund (1894), The Neuro-Psychoses of defence. *Standard Edition*, 3:45-61.

Freud, Sigmund (1896a), Further Remarks on the Neuro-Psychoses of Defence. *Standard Edition*, 3:162-185.

Freud, Sigmund (1896b), The Aetiology of Hysteria. *Standard Edition*, 3:191-221.

Freud, Sigmund (1905), Three Essays on the Theory of Sexuality. *Standard Edition*, 7:125-245

Freud, Sigmund (1909), Analysis of a Phobia in a Five-Year-Old Boy. *Standard Edition*, 10:5-149.

Freud, Sigmund (1911), Formulations on the Two Principles of Mental Functioning. *Standard Edition*, 12:215-226.

Freud, Sigmund (1913), Totem and Taboo. *Standard Edition*, 13:1-161.

Freud, Sigmund (1915), Instincts and Their Vicissitudes. *Standard Edition*, 14:109-140.

Freud, Sigmund (1920), Beyond the Pleasure Principle. *Standard Edition*, 18:67-147.

Freud, Sigmund (1921), Group Psychology and the Analysis of the Ego. *Standard Edition*, 18:67-147.

Freud, Sigmund (1922), Some Neurotic Mechanisms in Jealousy, Paranoia and Homosexuality. *Standard Edition*, 18:221-232.

Freud, Sigmund (1923), The Ego and the Id. *Standard Edition*, 19:3-66.

Freud, Sigmund (1926), Inhibitions, Symptoms and Anxiety. *Standard Edition*, 20:77-175.

Freud, Sigmund (1933), New Introductory Lectures on Psycho-Analysis. *Standard Edition*, 22:3-182

Hall J. Waelder (1946), The Analysis of a Case of Night Terror. *The Psychoanalytic Study of the Child*, 2:189-228. London: Hogarth Press.

Jones, E. (1922), Some Problems of Adolescence. *Papers on Psycho-Analysis*. London: Baillière, Tidall and Cox, 5th ed., 1948, pp. 389-406.

Klein, M. (1932), *The Psychoanalysis of Children*. London: Hogarth Press, revised edition, 1975.

Laforgue, R. (1928), Überlegungen zum Begriff der Verdrängung. *Int. Z. Psychoanal.* 14:371-374.

Lewin, B. D. (1932), Analysis and Structure of a Transient Hypomania. *Psychoanal. Quart.*,1:43-58.

Rádo, S. (1933), Fear of Castration in Women. *Psychoanal. Quart.* 2:424-475.

Rank, O. (1909), *The Myth of the Birth of the Hero*. New York: Nervous and Mental Diseases Publishing Co., 1914.

Reich, W. (1933), *Charakteranalyse: Technik und Grundlagen für studierende und praktizierede Analytiker.* Vienna: Selbstverlag. [English: *Character-analysis.* New York: Noonday Press, 1949.]

Waelder, R. (1930), The Principle of Multiple Function. *Psychoanal. Quart.,* 5:45–62, 1936.

## 옮긴이의 말


    20년 전, 정신 분석에 대한 막연한 흥미를 가지고 공부를 시작할 때 가장 먼저 찾아보았던 책은 물론 프로이트의 『꿈의 해석』이었다. 지독히 난해하게 느껴졌던 7장 때문에 읽는 것을 중도 포기했지만, 그렇다고 정신 분석에 대한 막연한 동경을 버릴 수는 없었다. 그나마 다가가기 쉬웠던 융을 읽고 여러 인문학 입문서를 접하며 잡학을 쌓던 중, 자꾸 거론되는 안나 프로이트의 『자아와 방어 기제』를 통해 다시 프로이트로 들어가 보면 좋겠다는 생각이 들었다. 프로이트의 막내딸이라는 배경도 흥미로웠고, 내 마음속에서 끊이지 않던 전투(누가 아군인지 누가 적군인지도 몰랐다)에서 어떤 일이 일어나고 있는지 이 책이 가르쳐 줄 수 있을 것만 같았다. 〈방어〉라는 단어가 참으로 매력적이었고, 번역서를 구할 수 없어 환상은 더욱 부풀어 갔다.

　　결국 이 책을 영역본으로 읽어 낸 것은 정신과 전공의 2년차 때 일이다. 이미 방어 기제에 대해서는 여러 경로를 통해 배워 알고 있었기에 뭐 또 새로운 게 있으랴 싶었지만, 프로이트 전집 읽기 프로젝트를 시작하기 전 일종의 워밍업이 필요했다. 읽으면서 놀랐던 것은 발표된 지 80년이 지난 이 책이 아직도 생생한 생명력을 지니고 있다는 사실이었고, 그것은 이제는 낯익은 방어 기제들의 분류 때문이 아니라, 그 기제들을 설명하고 풀어내는 안나 프로이트의 명쾌한 문체(안나의 문체는 아버지의 문체와 많이 다르다. 아버지 프로이트가 마치 낯선 세상에 처음 발을 디딘 탐험가와 같은 설렘으로, 그만큼의 생생함으로 마음을 파헤친다면, 딸은 막 그려진 지도와 눈에 보이는 세상을 비교해 보는 자의 꼼꼼함으로 균형 잡힌 거리를 유지하며 마음에 다가선다)와 놀랍도록 생생한 실례들 덕분이었다. 이 책에서 처음 소개된 방어 기제 중 하나인 〈공격자와의 동일시〉의 사례를 보자.

　　집에서 소녀는 어두컴컴한 거실을 가로질러 가는 것을 두려워했는데, 유령을 볼지도 모른다는 공포 때문이었다. 그러나 문득 어떤 생각을 해내고 나서는 이러한 문제가 사라졌다. 소녀는 이제 온갖 괴상한 동작을 지으며 거실을 내달렸다. 얼마 지나지 않아 소녀는 동생에게 불안을 어떻게

극복했는지에 대해서 자랑스럽게 이야기해 주었다. 「하나
도 걱정할 필요 없어.」 소녀는 말했다. 「마주칠 지도 모르
는 유령인 척 하면 되거든.」


안나 프로이트는 프로이트가 첫 책『히스테리 연구』
를 발표한 1895년 태어났다(이해는 프로이트가 오랜 친구 플리
스와 결별한 해이기도 하다). 프로이트의 여섯 자녀 중 막내였
던 안나 프로이트는 1918년부터 아버지에게 분석을 받았
다. 그리고 1922년 빈 정신 분석학회 회원이 된 후, 곧 공식
적인 아동 정신 분석가가 되었다(초등학교 교사였던 안나 프로
이트는 의사가 아니었기 때문에 성인 분석가가 될 수 없었다). 그리
고 1924년 프로이트를 옹호하는 소수 정예만이 모인 소위
〈위원회〉에서 오토 랑크의 자리를 이어받아 아버지의 반지
를 받고, 마침내 1927년 서른두 살의 나이에 국제정신분석
학회 총서기관이 된다.

이렇게 안나 프로이트는 아버지 지그문트 프로이트 이
론의 수호자가 되었고 그 자리를 지켰다(그녀는 프로이트가
세상을 떠날 때까지 곁에 남았고 이후에도 결혼을 하지 않았다. 여
러 사람들에게 프로포즈를 받았으나 아버지의 명성 때문이라고 생
각하고 모두 거절했다고 한다). 아버지 프로이트의『쾌락 원칙
을 넘어서』(1920)를 방향 전환의 계기로 삼아 안나는 자아
심리학의 기틀을 마련하는데, 그렇게 1936년 발표한『자아

와 방어 기제』는 그녀에게 국제적인 명성을 가져다주었다. 비록 클라인과의 논쟁 이후에 정신 분석학회가 여러 갈래로 분열되면서 자아 심리학의 자리는 위축될 수밖에 없었지만, 안나가 기틀을 잡았던 자아 심리학은 여전히 〈공식적〉 국제정신분석학회의 중심 이론으로 남아, 정신 분석이라는 이론이자 행위의 기반이 되고 있다.

이전까지 무의식에만 몰두했던 정신 분석 이론의 일방성을 비판하면서 자아의 복잡성과 방어에 집중했던 안나 프로이트의 연구는 치료 과정에서의 분석가의 역할과 분석의 입장을 다시 정의하게 만들었다. 그녀는 이전까지 거추장스러운 장애물에 불과했던 자아를 그 자체로서 연구할 가치가 있는 정신 분석학적 탐구의 대상으로 확립시켰고, 모호하고 막연하고 신비했던 정신 분석을 좀 더 명료하고 일상적인 존재로 만들었다. 그 변화의 시작을 우리는 이 책 『자아와 방어 기제』에서 목도할 수 있다.

그토록 읽고 싶어 했던 책을 직접 번역할 수 있어서 영광이었고, 그것을 프로이트 전집을 출판한 열린책들 출판사에서 내놓을 수 있어서 더욱 기뻤다. 그리고 그만큼 부담스러웠다. 이 책이 정신 분석에, 나아가 인간의 마음에 관심 있는 사람들에게 작은 기쁨이 되었으면 좋겠다. 물론 모든 오류는 역자의 책임이며, 발견하는 대로 수정해 나갈 것을 약속드린다.

# 찾아보기

옮긴이 **김건종** 정신건강의학과 의사. 서울대학교 정신건강의학과 수련 과정을 마쳤고, 현재 전남 순천에서 담은 정신건강의학과 의원 원장으로 있다. 『마음의 여섯 얼굴』, 『바라;봄』, 『우연한 아름다움』 등을 썼고, 『충분히 좋은 엄마』, 『반려동물과 이별한 사람을 위한 책』, 『감정의 치유력』(공역) 등을 우리말로 옮겼다.

# 자아와 방어 기제

발행일    2015년 3월 10일 초판 1쇄
          2023년 7월 10일 초판 9쇄

지은이    안나 프로이트
옮긴이    김건종
발행인    홍예빈·홍유진
발행처    주식회사 열린책들

경기도 파주시 문발로 253 파주출판도시
전화 031-955-4000 팩스 031-955-4004
www.openbooks.co.kr

Copyright (C) 주식회사 열린책들, 2015, *Printed in Korea.*
ISBN 978-89-329-1692-7 93180

이 도서의 국립중앙도서관 출판시도서목록(CIP)은 e-CIP 홈페이지(http://www.nl.go.kr/ecip)와 국가자료공동목록시스템 (http://www.nl.go.kr/kolisnet)에서 이용하실 수 있습니다.(CIP제어번호: CIP2015002081)